à Monsieur E. Renan
hommage de l'auteur
B.

GRAMMAIRE MANDARINE,

OU

PRINCIPES GÉNÉRAUX DE LA LANGUE CHINOISE PARLÉE,

PAR M. A. BAZIN,

PROFESSEUR DE CHINOIS MODERNE
A L'ÉCOLE IMPÉRIALE ET SPÉCIALE DES LANGUES ORIENTALES VIVANTES,
SECRÉTAIRE ADJOINT DE LA SOCIÉTÉ ASIATIQUE.

PARIS.
IMPRIMÉ PAR AUTORISATION DE L'EMPEREUR
A L'IMPRIMERIE IMPÉRIALE.

M DCCC LVI.

GRAMMAIRE MANDARINE.

GRAMMAIRE MANDARINE,

OU

PRINCIPES GÉNÉRAUX DE LA LANGUE CHINOISE PARLÉE,

PAR M. A. BAZIN,

PROFESSEUR DE CHINOIS MODERNE
À L'ÉCOLE IMPÉRIALE ET SPÉCIALE DES LANGUES ORIENTALES VIVANTES
SECRÉTAIRE ADJOINT DE LA SOCIÉTÉ ASIATIQUE

PARIS.

IMPRIMÉ PAR AUTORISATION DE L'EMPEREUR
À L'IMPRIMERIE IMPÉRIALE.

M DCCC LVI.

INTRODUCTION.

Cette Grammaire est le développement complet du système que j'ai exposé, en 1845, dans la quatrième section de mon *Mémoire sur les principes généraux du chinois vulgaire.*

Frappé de l'art singulier avec lequel les Chinois agrégent leurs monosyllabes pour former des locutions, j'avais essayé de montrer que la composition des mots dans le *Kouan-hoa'* n'est pas un procédé incertain.

A plusieurs égards, mon Mémoire pouvait paraître défectueux, non point dans la quatrième section, mais dans la deuxième, consacrée aux rapports qui subsistent entre l'écriture et le langage, et dans la troisième, où j'établissais le parallèle de la langue écrite et de la langue parlée.

J'avais recherché l'époque à laquelle les Chinois ont commencé à écrire la langue vulgaire. Si l'on étudie les principaux monuments de cette langue, le dialogue des pièces de théâtre et les romans, on n'observe pas que le style devienne plus concis à proportion qu'on s'éloigne davantage du temps où nous vivons; et, comme, en remontant toujours, on ne trouve plus ni Kouan-hoa', ni romans, ni pièces de théâtre, il me paraissait assez vraisemblable, d'une part, que le Kouan-hoa' écrit ou le 文墨 *Wen-më* avait commencé avec les pièces de théâtre et les romans; d'autre part, que, sous la dynastie mongole des Youên, l'art d'écrire comme on parle avait fait des progrès considérables. Le siècle des Youên avait été, j'imaginais, une époque pour la langue vulgaire.

Depuis que ce Mémoire a été écrit, des circonstances heureuses m'ont permis de conférer sur l'origine du Kouan-hoa', sur sa nature, sur le monosyllabisme qu'on lui attribue, avec trois Siên-seng fort habiles, Ou Tan-jin, originaire du Tche-kiang, Wang Ki-yè, originaire de Péking, et Tcho Siang-lan, originaire du Kouang-toung. Wang Ki-yè, amené à Paris vers la fin de 1852, y a fait un séjour de quatorze mois. Lié d'amitié avec lui, j'ai pu recueillir quelques précieuses lumières[1]; et, quant à la nature de la langue, ma persuasion aujourd'hui est que les Chinois ne reconnaissent pas dans le 書話 *Chou-hoa'* et le 俗話 *Sou-hoa'* deux langues différentes l'une de l'autre, mais deux formes de la même langue, l'une écrite, l'autre parlée; l'une savante, l'autre vulgaire; suivant eux, ces deux formes ont toujours existé.

En Europe, on part d'un autre principe. On s'est habitué à regarder le Kou-wen ou la langue des anciens livres *comme* le prototype commun du Kouan-hoa' et de tous les idiomes parlés. Dans le système de Prémare, en effet, dans le système de Morrison et de M. Abel-Rémusat, qu'est-ce que le Kou-wen? Une langue qui a été parlée, une langue mère, sans analogie avec aucun autre idiome connu. Qu'est-ce que le Kouan-hoa'? un idiome dérivé[2].

[1] Voy. mes *Recherches sur les institutions administrat. et municip. de la Chine*, p. 8.

[2] Cette grande question (l'origine des dialectes) a été traitée par M. J. Edkins dans le *Journal de la Société asiatique* de Hong-kong.

Qu'est-ce qu'un dialecte? un idiome tertiaire[1]. Le P. Gonçalves, il est vrai, dans son *Arte China,* envisage la langue chinoise comme renfermant deux parties très-distinctes ou deux formes principales : une forme qu'il appelle *sublime,* et une forme qu'il nomme *vulgar :* mais il attribue à ces deux formes, dont il semble reconnaître, avec les Chinois, l'existence simultanée, un monosyllabisme absolu.

Or, telle est précisément l'opinion que j'ai combattue dans mon Mémoire sur les principes généraux du chinois vulgaire. Je n'ai pas craint d'affirmer qu'on s'était mépris sur la nature des deux formes : qu'on avait confondu le monosyllabisme *absolu* de la langue écrite avec le monosyllabisme *relatif* de la langue parlée, monosyllabisme conditionnel, qui ne se révèle d'ordinaire que par la décomposition facultative des mots, dont je parlerai plus tard ; j'ai soutenu que le *Kou-wen,* ou la langue des anciens livres, n'avait été qu'un idiome artificiel et de convention, qui s'écrivait et ne se parlait pas ; que les caractères ou les mots de la langue écrite 字 *tseu',* ne sont pas toujours des mots 言 *yèn* dans la langue parlée ; qu'il arrive même, la plupart du temps, qu'un monosyllabe n'est

[1] M. J. Edkins a trouvé tout récemment un dictionnaire de la langue mandarine, composé sous les Youên par 周德清. La date de cet ouvrage précieux coïncide avec l'âge du monument que M. Wylie vient de découvrir à Chang-haï, monument sur lequel on lit une proclamation chinoise de Khoubilaï-khan, écrite en caractères chinois et en caractères mongols. Ces deux ordres de témoignages nous montrent, d'après M. Edkins, que la langue mandarine possédait encore, à l'époque des Mongols, la consonne *m* finale du Fou-kièn' et du 'Kouang-toung, en même temps que les consonnes initiales douces *g, d, b,* etc., du Kiang-nan et du Tche-kiang ; d'un autre côté, que les monosyllabes terminés par une voyelle et affectés du ton bref ou rentrant, avaient déjà perdu les consonnes finales *k, t, p :* que le monosyllabe *hio* (étude) se prononçait alors *hiao,* etc. ; que le Kouan-hoa, par conséquent, ou la langue chinoise telle qu'on la parle aujourd'hui, *doit être regardé comme une langue moderne, relativement aux idiomes du 'Kouang-toung et du Fou-kièn.*

qu'une partie intégrante d'un mot. A cette assertion étrange de M. Abel-Rémusat : « *Pour qu'on pût s'entendre en parlant*, on a substitué des mots composés aux termes simples qui prêtaient à trop d'équivoques, à cause des mots homophones[1]. » je me suis récrié. Au fond, je ne saurais encore m'imaginer qu'aucune langue ait été formée de la sorte, et, comme l'a remarqué M. Ernest Renan dans un ouvrage plein d'érudition et de connaissances, la théorie générale du langage élève, contre cette manière de concevoir les choses, d'insurmontables difficultés. « L'histoire des langues, ajoute le savant philologue, ne fournit pas un seul exemple d'une nation qui, par le sentiment des défauts de son langage, se soit créé un idiome nouveau ou ait fait subir à l'ancien des modifications librement déterminées. Une des lois qui s'observent le plus généralement, dans les diverses familles de langues, est celle qui place à l'origine la synthèse et la complexité[2]. »

On croit trouver dans le Chi-king un monument de la langue vulgaire sous les Tcheou; mais il est difficile de se figurer comment une langue aussi savante, aussi artificielle, a pu être vulgaire, j'irai plus loin, comment elle a pu être parlée. On y compte un trop grand nombre de caractères, ayant des significations très-diverses et qui se prononcent exactement de la même manière. Se laissera-t-on persuader que les Chinois, dans le langage commun, aient jamais donné le même nom à trente ou quarante objets différents? La Grammaire mandarine, en montrant que les Chinois d'aujourd'hui ne parlent pas comme ils écrivent, servira peut-être à établir cette opinion très-probable qu'à l'époque de la rédaction des King, les Chinois n'écrivaient pas comme ils parlaient. La langue

[1] Abel-Rémusat, *Éléments de la Grammaire chinoise*, p. 36.

[2] *Histoire générale des langues sémitiques*, par Ernest Renan, Ire partie, page 445.

des King est une langue impénétrable pour le peuple. Évidemment les poésies du *Chi-king*, monument de la langue écrite, différaient autant de la langue que l'on parlait au temps du *Tchun-thsiéou*, que les romances de Tou-fou et de Li Thaï-pe diffèrent aujourd'hui du Kouan-hoa'. L'existence simultanée des deux langues ou des deux formes, au temps de Confucius, n'est un mystère pour personne à la Chine, et, de ce que les monuments de la langue vulgaire ont disparu, il n'en faut pas conclure que la langue chinoise des Tcheou ait *été* parlée dans la forme où nous la voyons écrite. Quant au reproche d'homophonie qu'on adresse aux mots de la langue des livres, ce reproche tombe dès qu'on cesse de prendre les caractères pour les mots de la langue parlée. Si, dans la langue écrite, le monosyllabe *kin*, prononcé suivant la première intonation, signifie : bonnet, hache, or, maintenant, etc., dans la langue parlée, il faut dire *mao'-ᶜtseu* pour un bonnet, *ᶜfou-ᶜtseu* pour la hache, *hoang-kin* pour l'or, *jou-kin* pour maintenant, etc. Où est donc l'homophonie? Que l'on veuille bien examiner la théorie de la formation des mots dans la langue mandarine, on se convaincra tout de suite que le mot écrit a sa forme et que le mot parlé a la sienne.

Dans l'antiquité, chaque royaume de la Chine possédait son dialecte. Ce qui a manqué aux quatre premières dynasties, aux Thsin et même aux Han, c'est le Kouan-hoa' : c'est une langue commune, homogène, universelle, parlée dans tous les royaumes ou dans toutes les provinces. L'origine du Kouan-hoa' est certainement postérieure à l'introduction du bouddhisme à la Chine. Dans les prolégomènes du Dictionnaire impérial de Khang-hi, l'auteur chinois ne fait nulle difficulté d'avouer que, jusqu'à la dynastie des Han (l'an 202 avant J. C.), les lettrés n'ont point connu l'écriture alphabétique ou le système des sons initiaux (consonnes) et des sons finaux (voyelles et diphthongues) 漢儒識文字而不識字母; mais, observe-t-il, après l'introduction de l'alphabet sanscrit dans l'empire chinois, on adopta trente-six caractères qui furent regardés comme les mères des autres 以三十六字爲母, c'est-à-dire trente-six caractères représentatifs des consonnes de cet alphabet, et on les divisa en séries [1]. Il est une chose qui montre la délicatesse de l'organe chinois, c'est qu'en réunissant les sons finaux (les voyelles et les diphthongues), deux à deux ou trois à trois, on compta cent huit combinaisons de cette espèce, usitées dans la langue [2].

Après qu'on eut discerné les sons initiaux (les consonnes) et les sons finaux (les voyelles et les diphthongues), on trouva le moyen d'indiquer la prononciation des mots dans les dictionnaires. Ce fut sous le règne de Wou-ti, fondateur de la dynastie des Léang, vers l'an 505 (après J. C.), que s'apprit l'usage du mode d'épellation, nommé par les Chinois 切字法 *thsiei-tseu'-fa*. Enfin, dans la période I-foung de la dynastie des Thang (676-679 après J. C.), on publia le 唐韻 *Thang-yun*, ouvrage dans lequel les caractères sont arrangés d'après l'ordre des tons. Ce grand vocabulaire, le premier qui ait été composé suivant l'ordre tonique, devint la règle et la base du Kouan-hoa'. Avant l'introduction de l'alphabet sanscrit et tant que l'art de l'épellation est resté inconnu des

[1] Le *Tseu'-wei*, dictionnaire publié sous les Ming, est plus explicite à cet égard que le dictionnaire de Khang-hi. On lit dans la préface : « Chin-yo est le premier qui ait appliqué au chinois le système indien de la concordance des sons; l'historiographe eut pour continuateur Chin-koung, religieux de la secte de Bouddha, etc. 韻學自沈約始而釋神珙繼。» Chin-yo était historiographe impérial, sous la dynastie des Soung du nord.

[2] Abel-Rémusat, *Éléments de la Grammaire chinoise*, p. [illegible]

Chinois, la langue n'avait pas une prononciation universellement arrêtée. Comment, en effet, indiquer la prononciation exacte d'un caractère, distinguer une consonne d'avec une voyelle ou une diphthongue, quand on ignore l'usage des lettres? Il est de principe aujourd'hui que tout monosyllabe chinois commence par une articulation et finit par une voyelle ou une diphthongue; mais, sous la dynastie des Han, les hommes les plus habiles n'en savaient rien. La modification profonde que subit l'art de prononcer les mots, au premier contact de l'écriture chinoise et de l'écriture alphabétique, fut un événement. Cet événement est signalé avec beaucoup d'enthousiasme, et surtout avec beaucoup de candeur, dans la préface du Dictionnaire de Khang-hi. Tel est le merveilleux avantage que les Chinois retirèrent de la philologie comparée.

Le Kouan-hoa' est donc une langue moderne. Selon le *Tcheng'-in-thso-yao'*, la prononciation exacte des caractères est ce qu'on appelle vulgairement le *Kouan-hoa'*; suivant Ou Tan-jin, le Kouan-hoa', c'est la langue que l'on parle avec une prononciation correcte. Cette langue se divise en deux branches principales. Il y a le *Pĕi-kouan-hoa'* 北官話, ou le Kouan-hoa' du nord, et le *Nan-kouan-hoa'* 南官話, ou le Kouan-hoa' du midi. Le Kouan-hoa' du nord est le dialecte de Péking; le Kouan-hoa' du midi, le dialecte de Nanking.

Les divergences entre le dialecte de Péking et le dialecte de Nanking sont assez peu considérables. Chacun d'eux a ses locutions préférées. Les phrases, peut-être, sont d'un tour plus naturel et plus agréable dans le dialecte de Péking, plus correct et plus châtié dans le dialecte de Nanking. Les particules interrogatives et les finales varient; mais ces idiomes n'offrent entre eux aucune différence grammaticale. Quand on comprend à la première vue le dialogue d'une pièce de théâtre écrite dans le dialecte de Nanking, on est en état de lire le *Houng-leou-meng*[1], écrit d'un bout à l'autre dans le dialecte de Péking.

« Puisque le Kouan-hoa' est la langue commune, est-il dit dans le *Tcheng'-in-thsö-yao'*, d'où vient qu'il existe un Kouan-hoa' du nord et un Kouan-hoa' du midi[2] ? C'est, répond-on, parce que la prononciation n'est pas toujours la même dans les deux dialectes. A Péking, par exemple, on n'articule pas le *k* devant l'*i* comme à Nanking; on change le *s* en *ch*, le *h* en *kh*, etc. Dans les provinces méridionales, la langue est plus adoucie[3]. Tout cela prouve que le mot composé *Kouan-hoa'* s'applique, en général, à la prononciation.

Mais, de quelque manière qu'on les prononce, les mots n'en subsistent pas moins. L'idiome qui est devenu le Kouan-hoa', c'est-à-dire une langue commune, homogène, universelle, a toujours été parlé. On le croit naturel aux habitants de la province de Kiang-nan. Son passage de l'état dialectique 俗話 à l'état d'une langue commune 官話 s'explique facilement par le *thsiei-tseu'-fä* (art d'indiquer la prononciation des mots), dont l'usage remonte à la dynastie des Thang. On le parlait ailleurs que dans le Kiang-nan mais avec une prononciation incorrecte et vicieuse, avec des locutions impropres, quelquefois avec des mots d'une provenance étrangère.

Malgré les variations et les modifications que le temps amène dans les idiomes, le Kouan-hoa' s'est maintenu jusqu'à nos jours tel qu'il était sous les Soung. Tout en reconnaissant moi-même que le chinois a l'inappréciable avantage de ne se modifier que très-

[1] *Les Songes du Pavillon rouge*.

[2] Voyez l'ouvrage intitulé : *Tcheng-in-thso yao*, chap. IV, p. 1.

[3] Abel-Rémusat, *Éléments de la Grammaire chinoise*, p. 34.

lentement, que, si l'on voulait juger des variations de cet idiome ou des modifications qu'il a subies avec le temps, on ne devrait pas prendre nos idiomes d'Europe pour objets de comparaison, je me figurais néanmoins que le Kouan-hoa', par un progrès naturel, avait changé tant soit peu de caractère. Telle n'est pas l'opinion de Ou Tan-jin et de Tcho Siang-lan. Suivant ce dernier, on parle aujourd'hui comme on parlait sous les Ming, sous les Youèn, sous les Soung 話當相同. Les dialogues du *Si-siang-ki* (Histoire du pavillon occidental), dont les neuf dixièmes sont du Kouan-hoa' 官話十九, nous offrent un monument de la langue parlée sous les Soung; or il est visible par ces dialogues que le Kouan-hoa' ne s'est pas modifié.

Ou Tan-jin est allé plus loin. Il a prétendu que, depuis l'antiquité jusqu'à nos jours, la langue parlée a toujours été la même 自古迄今說話皆同, que la langue des anciens ne différait pas de la langue des modernes 古之話猶今之話也, enfin, que les variations et les modifications que l'on aperçoit dans la langue des livres n'ont jamais existé dans la langue parlée: cette opinion me paraît insoutenable. J'admettrai, si l'on veut, que la langue du pays a toujours subsisté, du moins quant au fond: j'admettrai que le Kouan-hoa' n'a point varié depuis la dynastie des Thang ou depuis la dynastie des Soung, car enfin on ne marque point précisément une époque où les Chinois ont cessé de parler un dialecte quelconque et commencé à parler le Kouan-hoa': mais qu'est-ce qu'une théorie dans laquelle on ne tient aucun compte des changements qui s'introduisent dans le langage, quand le langage n'est pas encore fixé, aucun compte des accroissements qu'il reçoit, des altérations qu'il éprouve? Telle n'est pas, du reste, l'opinion de Tcho Siang-lan. Celui-ci croit, avec raison que les hommes de l'antiquité, comme ceux d'aujourd'hui, ne pouvaient se passer les uns des autres, qu'ils émigraient parfois, que le contact des idiomes du nord et du midi amena, sans aucun doute, des altérations profondes dans le langage. « Mon humble opinion, m'a-t-il dit, est que la langue vulgaire a éprouvé, avec le temps, des altérations et a reçu des accroissements 愚意俗話固有隨時遞增者. Quand les hommes du midi s'établirent dans le nord 如南人徙北, quoiqu'ils fussent obligés de parler l'idiome du nord 雖北話是從, il était impossible qu'en parlant, ils n'y mêlassent point l'idiome du midi; à la longue et à force d'habitude, cet amalgame est devenu une loi 久而相沿自成一律. Il en a été de même, quand les hommes du nord s'établirent dans le midi. Si les choses se sont passées ainsi 如是, la langue ancienne différait de la langue moderne par quelques endroits 古今話言各有異處. Rien donc n'était plus nécessaire que d'établir l'unité du langage au moyen du Kouan-hoa' 尤須齊之以正音焉. »

Cette manière de penser sur la question est plus circonspecte et beaucoup plus exacte; elle se rapproche tout à fait de la nôtre.

Avant les Thang, le Kouan-hoa' d'aujourd'hui n'était, comme on l'a vu, que l'idiome du Kiang-nan. Sous les Tcheou, les variétés dialectiques nuisaient à la communication des affaires. Tous les monuments attestent que, dans les principautés tributaires ou dans les petits royaumes de la dynastie des Tcheou, il se parlait, au temps de Confucius, des dialectes qui n'étaient pas compris d'un royaume à l'autre. Il n'y avait, par exemple, aucune ressemblance de la langue de Thsi avec la langue de Thsou. Thsi est le nom d'une ancienne principauté orientale conférée par Wou-wang à Thaï-koung, l'an 1122 avant J. C. A l'époque du Tchun-thsieou, elle était devenue un royaume, qui occupait la partie nord du Chan-toung. Thsou est le nom d'une autre principauté, conférée par Wou-wang: à l'époque du Tchun-thsieou, elle était devenue un royaume, qui comprenait tout le Hou-kouang. On voit par là qu'il existait, sous les Tcheou, une différence de prononciation très-grande entre le nord et le midi; cette différence est encore marquée. Quant à la langue de Thsi, c'était la langue de Confucius, originaire du Chan-toung.

Quelques passages du *Khoung-tseu-kia-iu* nous autorisent à croire que ce philosophe parlait couramment la langue de Thsou. Peut-être que les deux langues n'étaient au fond que deux dialectes, se distinguant l'un de l'autre par la prononciation 音殊而義同; toutefois, comme il n'existe aujourd'hui aucun spécimen de ces idiomes, la question de savoir jusqu'à quel point la langue des Tcheou différait du chinois moderne me paraît insoluble par les livres, par les monuments écrits. « Les hommes de la haute antiquité, dit Ou Tan-jin, parlaient comme nous la langue vulgaire 上古之人亦有問答之話; mais les livres qui la renfermaient n'ont pas été transmis à la postérité dans la forme où ils avaient été primitivement écrits. La langue que l'on parle n'est pas la langue des livres. On a remarqué que les écrits en langue vulgaire disparaissaient au bout de quelques siècles. Quand un ouvrage de ce genre mérite d'être conservé, on substitue le littéral au vulgaire 去俗成文, c'est-à-dire on substitue l'idiome savant (*wen*), tel qu'il est dans les auteurs, à l'idiome vulgaire (*sou*), qui se trouve dans l'ouvrage[1]. »

J'arrive maintenant aux rapports de la langue écrite et de la langue parlée.

[1] Dans ce passage, Ou Tan-jin argumente sur une hypothèse qu'il pose.

On appelle *caractères* les signes de l'écriture chinoise. Les caractères sont composés de traits; mais ces traits élémentaires, au nombre de *neuf*, ne représentent pas, comme nos lettres, les éléments de la parole.

Les caractères font naître dans l'esprit de ceux qui les aperçoivent les idées dont ils sont les signes; il n'en est pas ainsi des monosyllabes affectés *conventionnellement* à la prononciation de ces caractères.

On appelle *tseu'* 字 les mots de la langue écrite; on nomme *yèn* 言 les mots de la langue parlée.

Dans la langue écrite, chaque caractère (*tseu'*) est un mot (*yèn*) 字爲一言. Ces mots sont, en général, des termes simples. J'appelle *terme simple* un monosyllabe, qui s'écrit avec un seul caractère et exprime une idée. Tels sont: 房 *fang*, maison; 孝 *hiao'*, piété filiale; 父 *fou'*, père; 兄 *hioung*, frère aîné; 林 *lin*, forêt; 意 *i'*, pensée; 三 *san*, trois; 商 *chang*, marchand. Dans la langue parlée, il est rare qu'un mot (*yèn*) soit exprimé par un caractère (*tseu'*). Les mots y sont, en général, des mots composés. J'appelle *mot composé* un mot formé de l'agrégation de plusieurs monosyllabes, qui s'écrit avec plusieurs caractères et n'exprime cependant qu'une idée. Tels sont: 房子 *fang-'tseu*, maison; 孝順 *hiao'-chun'*, piété filiale; 父親 *fou'-thsin*, père; 哥哥 *ko-ko*, frère aîné; 樹林 *chou'-lin*, forêt; 意思 *i'-ssé'*, pensée; 三个 *san-ko'*, trois; 買賣人 *'maè-maï'-jin*, marchand[1].

« Dans la langue écrite, dit M. Abel-Rémusat, les mots peuvent être pris successivement comme substantifs, comme adjectifs, comme verbes, quelquefois même comme particules. Pour marquer précisément le sens où un mot est pris et le rôle qu'il joue dans

[1] Voyez mon *Mémoire sur les principes généraux du chinois vulgaire*, p. [illegible]

la proposition, on doit recourir au sens du contexte et à la position relative des mots[1]. » « La langue chinoise, suivant M. G. de Humboldt, ne marque jamais la catégorie grammaticale à laquelle les mots appartiennent[2]. » Tout cela est vrai de la langue écrite, mais la langue écrite, encore une fois, n'est qu'un idiome artificiel et de convention: le mot écrit a sa forme, le mot parlé a la sienne. Dans le chinois, tel qu'il se parle, chaque espèce de mots est caractérisée: il y a, comme chez nous, des substantifs, des adjectifs, des verbes, des adverbes, tandis que, dans le chinois, tel qu'il s'écrit, il n'y a que des caractères. Dès qu'un mot (*yèn*) est articulé, on reconnaît sur-le-champ que ce mot est de telle espèce et n'est pas d'une autre. On reconnaît, par exemple, à la terminaison, que le mot *fă-ᶜtseu* 法子, remède, moyen, et le mot *ᶜma-theou* 馬頭, port, sont des substantifs et ne peuvent être que des substantifs; que le mot trissyllabique 朋友們 *pheng-ᶜyeou-men*, les amis, est un substantif au pluriel, que le mot 好的 *ᶜhao-tĭ*, bon, est un adjectif qualificatif; que le mot 三个 *san-ko'*, trois, est un adjectif numéral, tandis que le mot de la langue écrite 三 *san*, trois, n'est qu'un caractère; que les mots 進來 *tsin'-laï*, entrer, et 認得 *jin'-tĕe*, connaître, sont des verbes, et ne peuvent être que des verbes[3].

[1] *Éléments de la Grammaire chinoise*, p. 35.

[2] *Lettre à M. Abel-Rémusat sur la nature des formes grammaticales en général, et sur le génie de la langue chinoise en particulier*, par M. G. de Humboldt. Paris 1827.

[3] Le savant auteur des *Notions élémentaires de grammaire comparée, pour servir à l'étude des trois langues classiques*, s'exprime ainsi, en parlant des parties du discours: « Notre division classique des parties du discours peut servir à la grammaire de toutes les langues indo-européennes; elle peut même s'appliquer en plusieurs points aux langues sémitiques: *mais il y a au moins un tiers des habitants du globe qui suivent des procédés tout différents dans l'expression de la pensée.* La langue chinoise ne connaît pas ces mots organisés avec un radical et des affixes: elle n'a que des monosyllabes, signes d'idées

Dans une grammaire de la langue écrite, on doit, avant tout, fixer l'ordre d'après lequel les caractères se succèdent les uns aux autres dans la phrase, pour y représenter des substantifs, des adjectifs, des verbes, etc. Si l'on prend pour exemple cette phrase : 不知之之之路 « *Pŏu-tchi-tchi-tchi-tchi-lou'*, Il ne connaît pas le chemin pour y passer », dans laquelle le caractère 之 *tchi* est répété trois fois, le monosyllabe *tchi* quatre fois, il faut montrer pourquoi le caractère 之 est pris, dans le premier cas, comme verbe, dans le second, comme pronom de la troisième personne à l'accusatif, et, dans le troisième, comme marque du rapport entre l'action de ce verbe et le substantif qui suit[1] ; en un mot, il faut expliquer les règles de la construction chinoise. C'est ce qui a été fait, avec une grande sagacité, par M. Abel-Rémusat. Dans une grammaire de la langue parlée, il faut, avant tout, discerner les termes simples, ou les mots monosyllabiques, d'avec les mots formés de la réunion de deux ou de plusieurs monosyllabes qui s'agrégent et constituent les substantifs, les adjectifs, les verbes, etc., insister particulièrement, et pour chaque espèce de mots, sur la théorie

très-générales, et qui, *selon la place* qu'ils occupent dans une phrase, y remplissent *le rôle* de noms, de verbes, d'adverbes, etc. Pris dans un dictionnaire, les mots *βαίνειν*, *ambulare*, *marcher*, se reconnaissent tout de suite pour des verbes : les mots *κύριος*, *dominus*, *seigneur*, pour des noms : les mots *καλῶς*, *bene*, *bien*, pour des adverbes, et ainsi de suite. Le dictionnaire chinois n'offre pas de ces mots classés d'avance et caractérisés par leur forme grammaticale : il n'offre que des signes capables de devenir, par l'usage qu'on en fera, des verbes, des noms, des adverbes, etc. »

M. E. Egger, on le pense bien, a marché sur les traces de M. Abel-Rémusat, et le dictionnaire chinois dont il parle est, sans aucun doute, un dictionnaire de la langue écrite, car, dans la langue parlée, le mot composé *tseou-lou* 走路, marcher, est un verbe et ne peut être qu'un verbe : le mot composé *thien-tchou* 天主, le seigneur, est un substantif et ne peut être qu'un substantif : le terme simple *hao* 好, bien, est un adverbe, dans certains cas, et ne peut être qu'un adjectif ou un adverbe.

[1] *Éléments de la Grammaire chinoise*, p. 78 et 79.

des formes, signaler tous les procédés qu'on y trouve, exposer, enfin, les règles de la syntaxe; c'est le but que je me suis proposé.

Les monosyllabes s'agrégent donc et se combinent deux à deux, rarement trois à trois dans le chinois tel qu'on le parle. Je n'ai pas craint d'affirmer dans ma grammaire qu'un substantif chinois pouvait être composé de sept manières différentes, un verbe de trois manières différentes. Que l'on prenne tous les mots (*yèn*) que j'ai donnés; qu'on les dédouble, qu'on les arrange comme on voudra, pour parler, on aura peut-être un langage à soi, mais on ne parlera dans aucun cas le langage des autres; on n'arrivera pas à se rendre intelligible. Cette loi de l'agrégation est si impérative, qu'il y a des mots qui ne peuvent pas s'écrire seuls, comme l'adverbe *jamais*, 總沒 *ʿtsoung-mŏu*, ou 總不 *ʿtsoung-pŏu*. Il faut qu'on y joigne un verbe ou un adjectif.

« On appelle, dit Ou Tan-jin, les mots monosyllabiques 單字 *tan-tseuʾ*, et les mots polysyllabiques 聯字 *lièn-tseuʾ*. Dans les livres, il y a des caractères qui expriment à eux seuls plusieurs mots, comme dans le *Sse-ki*[1] et dans une foule d'ouvrages; mais, dans la langue parlée, les mots monosyllabiques qu'on emploie sont extrêmement rares 至於說話並用單字甚鮮. Encore bien que chaque caractère chinois représente une idée 雖則成意, tous les caractères ne sont pas des mots; c'est pourquoi, quand on écrit comme on parle, on est obligé d'unir deux ou plusieurs caractères pour former des mots 亦必聯絡成言. Ces agrégations sont fort ingénieuses[2]. » Assurément, dans une telle matière, l'autorité des Sièn-seng ou des maîtres

[1] *Mémoires historiques de Sse-ma-thsiên.*

[2] Voyez mon rapport sur un Manuel pratique de la langue chinoise vulgaire par M. Louis Rochet, *Journal asiatique*, octobre 1846.

du pays est d'un très-grand poids. Je reproduis encore, et avec plaisir, l'opinion de Ou Tan-jin, parce qu'elle me paraît concluante, et fortifie les principes que je cherche à établir.

Quand on analyse les mots de la langue parlée, on trouve qu'un monosyllabe perd souvent, dans la composition, le sens primitif qui lui est attribué par le caractère, cesse d'être un monosyllabe, et devient, à proprement parler, une syllabe. C'est ainsi que le monosyllabe *pa*, représenté par le caractère 把, prendre, figurant presque toujours comme un verbe auxiliaire de la première catégorie, devient, au contraire, un substantif auxiliaire et déterminatif dans le substantif composé 一把刀 *ĭ-ˁpa-tao*, un couteau, et finit par n'être plus qu'un monosyllabe tout à fait insignifiant, c'est-à-dire une syllabe, dans le substantif composé *ˁpa-tchou*, par lequel on désigne une plante. Si le monosyllabe *ˁtseu* 子, fils, conserve sa signification dans le substantif composé de la quatrième classe 父子 *fou'-ˁtseu*, le père et le fils, ce monosyllabe est tout à fait insignifiant, et n'est plus qu'une syllabe dans le substantif composé 法子 *fă-ˁtseu*, remède, moyen, où il fait l'office d'une terminaison. Le caractère 們 *men*, qui sert à former le pluriel des pronoms et des substantifs qui représentent les personnes, n'ayant par lui-même aucune signification, doit être regardé comme un affixe.

L'ordre dans lequel on combine les monosyllabes a une très-grande importance. Quelquefois les mots changent d'espèce, quand on change l'ordre des monosyllabes. 大胆 *ta'-ˁtan* signifie courage. 胆大 *ˁtan-ta'*, courageux; 高名 *kao-ming*, célébrité, 名高 *ming-kao*, célèbre; 謊說 *ˁhoang-choue*, mensonge, 說謊 *choüe-ˁhoang*, mentir. D'autres fois les mots acquièrent un autre sens. Ainsi 兄弟 *hioung-ti'* signifie le frère cadet, 弟兄 *ti'-hioung*, les frères: 半 斤 *pan'-kin*, une demi-livre. 斤 半 *kin-pan'*, une livre et demie.

Se hâterait-on d'en conclure que le chinois, dans la forme où on le parle, ne conserve point son caractère monosyllabique? On aurait tort. Le monosyllabisme absolu est le propre de la langue écrite, comme le monosyllabisme relatif ou conditionnel est le propre de la langue parlée. Je sais bien qu'on a fait dans ces derniers temps une découverte précieuse. « Il est positif, écrivait, il y a trente ans, M. G. de Humboldt, que la qualité monosyllabique des mots forme la règle dans la langue chinoise, et je ne me souviens pas d'avoir trouvé nulle part si les Chinois, en prononçant un mot polysyllabique, comprennent ses différentes syllabes sous un même accent, ou non; car *l'unité du mot est constituée par l'accent.* » Or M. J. Edkins, qui a étudié à fond la prosodie chinoise, montre dans sa grammaire, et par une foule d'exemples, que les mots dissyllabiques et les trissyllabiques ont un accent particulier et *prédominant*; que cet accent est placé tantôt sur la première syllabe, et tantôt sur la dernière, quelquefois sur la pénultième, dans les mots trissyllabiques.

Ainsi la première syllabe est accentuée dans les mots :

工 夫 *KOUNG-fou*, ouvrage;
中 國 *TCHOUNG-koüe*, la Chine;
外 國 人 *WAÏ-koüe-jin*, un étranger;
大 英 國 *TA-ing-koüe*, l'Angleterre;
曉 得 *HIAO-tĕe*, savoir, etc.

La dernière syllabe est accentuée dans les mots :

女 人 *niu-JIN*, la femme;
城 外 *tchheng-WAÏ*, la campagne;

多少 *to-'CHAO*, combien;
天主堂 *thièn-tchou-THANG*, une église;
領事官 *'ling-ssé'-KOUAN*, un consul, etc.

La pénultième est accentuée dans les mots :

雇工人 *kou'-KOUNG-jin*, les ouvriers;
小生意 *'siao-SENG-ï'*, petit commerce (*détail*);
大娘子 *ta'-NIANG-'tseu*, une épouse;
照規矩 *tchao'-KOUEÏ-'kiu*, régulièrement, etc.

Cela est vrai de la langue mandarine comme du dialecte de Chang-haï. Dans tous les mots composés, l'intonation affecte de préférence et avec plus de force une des voyelles, simples ou nasales, une des diphthongues ou des triphthongues; le monosyllabe auquel cette voyelle, cette diphthongue ou cette triphthongue appartient, est le *monosyllabe prédominant*. On voit par plusieurs exemples qu'un monosyllabe affecté d'un ton bref ou rentrant peut, chose remarquable, devenir le monosyllabe prédominant d'un mot composé. De pareils faits[1], tout d'abord, semblent être, pour le polysyllabisme, un argument concluant. Je n'en disconviens pas. Ouvrez le vocabulaire du *Tcheng'-in-thsö-yao'*, vous n'y trouverez guère que des mots dissyllabiques; mais autre est le mot dans le vocabulaire, autre, souvent, est le mot dans la phrase. La langue chinoise, affirmais-je dans mon Mémoire, a une propriété, que je n'ose point appeler distinctive, car elle est commune à beaucoup de langues:

[1] Ils avaient été signalés en 1846 par feu Rob. Thom : « The student cannot fail to « observe as he reads along, that many words are dissyllables and not a few polysyllables; « that some are accented on the ultimate, others on the penult and others again on the « antepenult, etc. » (Voyez *The Chinese speaker or Extracts from works written in the mandarin language, as spoken at Peking*, compiled for the use of students, by Rob. Thom part. I, p. 2.)

cette propriété, c'est la faculté, pour celui qui parle, de décomposer un mot et de substituer, dans certains cas, un terme simple à un mot composé. Si je dis à un Chinois : 有腰刀么 *ʿYéou-yao-tao-ʿmo* « Ont-ils des sabres »? celui-ci me répondra : 有刀 *ʿYéou-tao* « Ils ont des sabres », ou bien : 沒有刀 *Mŏu-ʿyéou-tao* « Ils n'ont pas de sabres ». Si je lui dis : 有刀子么 *ʿYéou-tao-ʿtseu-ʿmo* « Ont-ils des couteaux »? il me répondra encore, et toujours sur le même ton : 有刀 *ʿYéou-tao* « Ils ont des couteaux », ou bien : 沒有刀 *Mŏu-ʿyéou-tao* « Ils n'ont pas de couteaux ». Cependant, lorsqu'il s'exprimera de la sorte, dans le premier cas, le monosyllabe *tao*, articulé par lui, présentera clairement à mon esprit un sens identique à celui du mot composé *yao-tao*, sabre : et, dans le second cas, le même monosyllabe *tao*, articulé par lui, m'offrira tout aussi clairement le sens du mot composé *tao-ʿtseu*, couteaux [1].

« Il y a certainement, dit Tcho Siang-lan, dans la langue parlée, quand on l'écrit, beaucoup de caractères qui expriment des mots à eux seuls 言語固有單字成話者甚多. Si, en interrogeant, on dit : *ʿKho-ʿfeou* « Est-ce possible » 如問曰可否? en répondant, on dit : *ʿKho* « Cela est possible » 荅曰可, ou bien : *Feou* « Cela n'est pas possible » 或曰否. Si, en interrogeant, on dit : *ʿYéou-wou* « Y en a-t-il » 問曰有無? en répondant, on dit : *ʿYéou* « il y en a » 荅曰有, ou bien *Wou* « il n'y en a pas » 或曰無之類是也, etc.

[1] « Dans notre langue, on fait un usage fréquent de la décomposition des mots. Le mot *ciel-de-lit*, par exemple, est un mot composé, un mot formé de deux noms unis par une préposition. Un homme qui fabrique des ciels-de-lit dit à sa femme : J'ai vu aujourd'hui un marchand qui m'a demandé trois *ciels*. Le sens du monosyllabe *ciels* est-il clairement indiqué dans cette phrase? — Sans nul doute : il est indiqué par la

Comme tous les Siën-seng, Tcho Siang-lan constate le fait, il n'en explique pas la théorie : mais enfin, voilà, suivant moi, dans son vrai jour, le monosyllabisme, absolu ou relatif, qu'il convient d'attribuer à la langue chinoise, écrite ou parlée, savante ou vulgaire.

La simplicité est le caractère du chinois, tel qu'il s'écrit ; la complexité est le caractère du chinois, tel qu'il se parle. On a vu clairement que les Siën-seng reconnaissent l'existence simultanée des deux formes, à partir de l'invention de l'écriture, invention qui a été, chez eux, d'une singulière précocité. Si l'on met ces deux formes en parallèle, on trouve que la richesse lexicographique du chinois écrit l'emporte sur la richesse du chinois parlé. Il y a dans le grand Dictionnaire impérial de Khang-hi 43,496 caractères, à savoir : 31,214 caractères usités, 6,423 caractères dont la forme a vieilli, 1,659 caractères qui n'avaient pas encore été classés dans un dictionnaire, et 4,200 caractères dépourvus de signification. On n'a jamais fait le compte des mots (*yën*) qui existent dans le *Wen-më*, ou le Kouan-hoa' cultivé ; je crois que l'on peut en évaluer le nombre à 12,000 environ. C'est à peu près le double des mots que l'on trouve dans la Bible. La langue parlée, infiniment plus restreinte que la langue des livres, exclut de son vocabulaire les mots consacrés aux arts, à l'histoire naturelle, à la botanique, à la médecine, à la politique, etc. Ceux qu'elle admet sont d'un usage universel dans la conversation.

Mais, en laissant la richesse à part, lequel des deux idiomes est le plus parfait ? Ou Tan-jin, que j'interrogeais à Liverpool, me répondit laconiquement que c'était une question frivole de se demander si le Kouan-hoa' doit être envisagé comme supérieur au

circonstance de l'état qu'exerce ce fabricant. » (Voyez mon *Mémoire sur les principes généraux du chinois vulgaire*, p. 64.)

Wen-tseu'. « Le Kouan-hoa', ajouta-t-il, est parfait, quand on le parle; le Wen-tseu' est parfait, quand on l'écrit. » Le Sièn-seng n'avait pas compris ma question; je voulais parler du Wen-me, du Kouan-hoa' des romans ou de la langue des romanciers[1].

Le *Wen-mĕ* 文墨, que nous appelons, en Europe, le style moderne, est au Kouan-hoa' 官話 ou à la langue parlée ce que le *Wen-tchhang* 文章 est à la langue écrite 書話. Le degré de culture auquel le Kouan-hoa' est parvenu dans le style moderne, quoique très-remarquable assurément, semblera toutefois, sous le rapport de l'art, inférieur au Wen-tchhang, par la raison fort simple, que le monosyllabisme relatif du premier est moins approprié à l'écriture chinoise que le monosyllabisme absolu du second. Quant au Kouan-hoa', tel qu'on le parle, on le trouvera clair, mais plat, négligé, verbeux, si on le compare au Kouan-hoa' tel qu'il s'écrit. Il faut, pour reproduire un mot composé, au moyen de l'écriture, autant de caractères qu'il y a de monosyllabes dans ce mot, et la surabondance des caractères est à la Chine ce qu'on aime le moins.

Enfin, avais-je dit, dans quel cas les Chinois écrivent-ils exactement comme ils parlent? Quels sont les monuments de la langue parlée? Voici la réponse de Ou Tan-jin à ces deux questions :

« Généralement, tout homme qui écrit, écrit la langue des livres; on n'écrit le Kouan-hoa' que pour apprendre aux Chinois à parler correctement 是教人說話. Il y a du Kouan-hoa' dans les romans et les pièces de théâtre; il y a aussi du Hiang-than (patois); mais la langue du théâtre diffère un peu de la langue que l'on parle dans la société. Aujourd'hui les personnages appelés *tcheng'-seng* et *'siao-seng* (expressions par lesquelles on indique cer-

[1] 小書家

tains rôles, comme chez nous les *pères nobles* et les *premiers comiques*), parlent généralement le Kouan-hoa', tandis que les *tseng* et les *'tchheou* (personnages vulgaires) mêlent au Kouan-hoa' le dialecte ou l'idiome du pays (dans lequel la pièce est représentée). Quant aux auteurs dramatiques, ils se servent, pour écrire, du dialecte de Nanking ou de Sou-tcheou-fou, selon qu'ils lisent habituellement les romans de Nanking ou de Sou-tcheou-fou. Dans les pays où l'on parle un dialecte particulier, l'acteur ne répète jamais son rôle tel qu'il est écrit dans la pièce[1]. »

L'examen comparatif des idiomes de la Chine ne présente encore que deux résultats.

Chaque dialecte a ses analogies et ses anomalies. Malheureusement, sur quinze idiomes provinciaux, on en connaît à peine trois ou quatre. Aux excellents ouvrages dont j'ai parlé dans mon *Mémoire sur les principes généraux du chinois vulgaire*, il faut ajouter la grammaire de M. J. Edkins[2], traité approfondi, dans lequel on trouve une exposition lumineuse et facile; mais on est loin d'avoir un tableau complet de tous les idiomes. Cependant, malgré l'insuffisance des documents, on a pu acquérir la certitude que plusieurs idiomes locaux 土語, comme les langues domestiques 家話, ne proviennent pas du Kouan-hoa', regardé à tort comme un type unique et primitif; que les idiomes du Fou-kièn', par exemple, forment à eux seuls une grande famille, qui s'éloigne très-souvent du Kouan-hoa', non-seulement par l'intonation ou l'accentuation des monosyllabes, mais encore par les mots. On ne saurait admettre non plus que ces idiomes se rattachent à la langue écrite: la langue

[1] *Journal asiatique*, octobre 1846.

[2] *A Grammar of colloquial chinese, as exhibited in the Shang-hai dialect*, by J. Edkins, B. A. univ. coll. Lon. of the London missionary society. (Shang-hai, London mission press, 1853.)

écrite nous offre le spectacle d'un développement très-large, mais d'un développement à part.

Un autre résultat de l'examen comparatif des idiomes, résultat d'une importance très-grande, c'est l'analogie des mots *pleins* (des substantifs et des verbes), et l'anomalie des mots *vides* (des particules). « La particule, dit M. E. Renan, est d'ordinaire l'élément du discours qui passe le moins d'une langue à l'autre et tient le plus profondément au génie de chaque idiome. » Rien n'est plus vrai, quand il s'agit des idiomes chinois. On distingue un dialecte d'un autre par les particules. Des recherches ultérieures nous révèleront si le même phénomène se représente partout.

Il me reste maintenant à parler de la grammaire.

Une des choses les plus remarquables, sous le rapport de la grammaire, est la théorie des mots, d'après les Chinois.

« Qu'est-ce que la grammaire? » disent aux écoliers les instituteurs du pays: 怎么是文法.

« C'est un art très-utile, répondent les écoliers 文法大得緊; un art qui nous apprend à distinguer les *chĭ-tseu'* (mots pleins) d'avec les *hiu-tseu'* (mots vides) 有實字有虛字. »

Les *chĭ-tseu'* (les mots pleins) ont par eux-mêmes une signification propre; les *hiu-tseu'* (les mots vides) ou les particules marquent les rapports que les mots pleins ont entre eux.

DEMANDE.

« Comment divise-t-on les *chĭ-tseu'* (mots pleins) 實字怎么分呢? »

RÉPONSE.

« Il y a les *ho-tseu'* (les mots vivants) et les *'sse-tseu'* (les mots morts) 有活字有死字. »

On appelle *hó-tseu* (mots vivants) les mots qui expriment une action ou un état, comme les verbes; on appelle *'sse-tseu'* (mots morts) les mots qui ne servent qu'à nommer ou à qualifier les objets, comme les substantifs et les adjectifs.

DEMANDE.

« Comment divise-t-on le *hiu-tseu'* (les mots vides) 虛字怎么分呢? »

RÉPONSE.

« Il y a les particules initiales, les particules conjonctives, les particules disjonctives, les pronoms, les particules collectives, les particules interjectives et les particules finales 有起語辭。有接語辭。有轉語辭。有襯語辭。有束語辭。有嘆語辭。有歇語辭。»

Telle est aussi, dans la langue arabe, la division des trois parties du discours (nom, verbe et particule). Assurément, les Chinois n'ont point reçu des Arabes cette division, qui est attribuée à Ali. Après avoir discerné, chose digne d'éloges, l'élément *matériel* d'avec l'élément *formel* du langage, les premiers grammairiens de la Chine ont partagé tous les mots en deux grandes catégories, les mots *pleins* et les mots *vides*. La distinction du nom et du verbe émane d'une classification faite postérieurement, mais d'une classification à laquelle aucune influence étrangère n'a présidé.

Voilà tout ce que nous savions de la grammaire chinoise, lorsqu'en 1852 le savant M. J. Edkins mit la main sur un traité grammatical, composé par un indigène, dont le nom est 畢華珍 *Pi-hoa-tchin*. On ne trouve à la Chine, disait-on souvent, rien qui ressemble à un traité grammatical: c'était, comme on le voit, une erreur.

Dans son ouvrage, qui a pour titre 衍緒草堂筆記, l'auteur chinois, après avoir parcouru la surface de la langue écrite, examine l'une après l'autre toutes les parties du discours; mais, loin de s'en tenir au train commun et à l'ancienne méthode, il établit une classification nouvelle, retranche de la première catégorie ou de la catégorie des mots *pleins* (chi-tseu') tous les adjectifs, tous les verbes, n'y laisse que les substantifs, et augmente considérablement la seconde catégorie ou la catégorie des mots *vides* (hiu-tseu'), qu'il subdivise en quatre classes. Il place :

Dans la première, les adjectifs comme 高 *kao,* haut; 低 *ti,* bas; 大 *ta',* grand; 小 *'siao,* petit, etc.

Dans la seconde, les verbes, comme 作 *tsŏ,* faire; 傳 *tchhouèn,* transmettre, etc.

Dans la troisième, les particules interrogatives et les particules finales, comme 焉 *yèn,* 哉 *tsaï,* 乎 *hou,* 也 *'yè;* les pronoms et les particules qui marquent les rapports des mots, comme 此 *'thseu,* celui-ci; 其 *khi,* il ou elle; 所 *'so,* que; 之 *tchi,* du, de la, des; les adverbes et les verbes auxiliaires, comme 甚 *chin',* très-; 可 *'kho,* pouvoir; 爲 *weï,* faire.

Dans la quatrième, les conjonctions, comme 雖 *soui,* quoique; 但 *tan',* mais; 而 *eul,* et; 如 *jou,* comme; les adverbes négatifs et interrogatifs, comme 不 *pŏu,* pas; 何 *ho,* quoi, 豈 *'khi,* comment.

Certes, on peut critiquer la classification établie par l'auteur; relativement aux *hiu-tseu'* (mots vides), elle est trop compliquée; mais il faut convenir pourtant qu'elle se rapproche beaucoup des classifications européennes. A mon avis, les définitions de l'auteur sont encore plus remarquables que ses divisions. Je n'en citerai que deux, la définition de l'adjectif et la définition du verbe.

« L'adjectif, dit-il, est un mot qui s'ajoute au substantif pour exprimer la manière d'être du substantif 與實字相加

以形容實字如何樣.» C'est exactement la définition de nos grammairiens. «Dans la langue écrite (car l'auteur ne parle que de la langue écrite), il y a des adjectifs qui sont formés de la réunion de deux caractères inséparables 有兩字折不開者, etc., etc.»

«Le verbe sert à deux choses : 1° c'est un mot qui lie l'attribut au sujet d'une proposition 活虛字之用。一以聯綴上下. Quand je dis : *Les livres instruisent le monde* 如云文傳世, le sujet est *les livres*, l'attribut est *le monde*, la copule ou le verbe est *instruisent* 文爲主字。世爲賓字而以傳字聯綴上下也; 2° c'est un mot qui exprime une action 一以寫出人事. Ainsi, quand je dis : *Composer un ouvrage, corriger un ouvrage*, etc., 如云作文評文之類, les mots *composer* et *corriger* expriment chacun une action 作字評字皆人事也.»

Malheureusement je n'ai point à ma disposition le traité dont je parle ici; j'en juge par les extraits que M. Edkins en a donnés: mais j'aimerais à faire de l'ouvrage une étude suivie et consciencieuse. Si les définitions de l'auteur méritent toute notre estime et une juste considération, il y a encore loin de quelques vues ingénieuses, comme celles-ci, aux magnifiques travaux des Européens sur la grammaire. Dans le système des Chinois, la grammaire se confond avec la rhétorique, dont elle est le fondement: aucune application n'en a été faite à la langue parlée. Il existe, comme je l'ai dit, pour l'étude du Kouan-hoa' ou de la langue commune, une foule de manuels ou de livres élémentaires. Le *Tcheng'-in-thso-yao'* est peut-être le plus universel: mais cet ouvrage, quelque excellent qu'il soit jugé d'ailleurs, ne nous offre, après tout, que des ressources lexicographiques. On n'y trouve point de grammaire.

S'il en est ainsi, comment doit-on expliquer aux élèves de l'école les principes du Kouan-hoa'? Il me paraît incontestable que les règles d'une langue ne doivent se tirer que de cette langue même. D'un autre côté, ne serait-ce pas une manifeste folie d'étudier le chinois suivant la méthode des *sse'-fou'* 師 傅 ou des maîtres ignorants, qui savent à peine distinguer un substantif d'avec un verbe? Que gagnerait-on à les prendre pour guides? Il faut, au contraire, substituer à la méthode de ceux-ci une méthode plus courte et plus facile, plus savante et plus analytique.

J'ai donc adopté, autant que j'ai pu, la méthode européenne, montré que les substantifs chinois sont tout à fait analogues aux mots composés des Anglais, et que les procédés au moyen desquels on les forme paraissent identiques dans les deux langues. Encore moins que l'anglais, le chinois n'a ni conjugaison ni terminaison distinctive des verbes. Si je parle, malgré cela, d'un présent, d'un futur ou d'un plus-que-parfait, j'espère qu'on ne s'en effarouchera pas. Il ne peut entrer dans la pensée de personne de reconnaître au chinois des affinités grammaticales très-rigoureuses avec les langues à flexions. On ne m'accusera pas d'avoir négligé la syntaxe particulière des mots. La syntaxe, objet de la neuvième section, occupe presque autant de place à elle seule que les huit premières sections réunies, où je traite des parties du discours. Toutes les phrases qu'on y trouve rapportées, et qui servent d'exemples, sont extraites, en général, des dialogues de Gonçalves ou du *Tcheng'-in-thso-yao'*. Ces phrases ont été examinées avec le plus grand soin, quelquefois corrigées par le Siên-seng Wang Ki-yè, originaire de Péking. J'ai fait du '*Li-mao'-ti-hoa*' ou du langage de la civilité, dont les préceptes s'allient, à la Chine, avec ceux du savoir-vivre, une section à part. Enfin je me suis appliqué, dans la dernière, à éclaircir un point de philologie très-délicat, la différence du style moderne et du Kouan-hoa', deux idiomes que M. Abel-Rémusat avait confondus.

PRONONCIATION.

VOYELLES.

a se prononce comme notre *a* dans *phare*;

é comme notre *é* fermé;

è comme notre *è* ouvert.

e sans accent, ou affecté du signe prosodique ◡, a le son de notre *o* bref dans *mode*. Ainsi les monosyllabes *tche*, *pĕ*, *hĕ*, *koŭe*, *choŭe*, *meng*, *pheng*, doivent se prononcer *tcho*, *po*, *ho*, *kouo*, *chouo*, *mong*, *phong*. Cette voyelle a le son de notre *e* muet dans le monosyllabe *sse*.

ee n'a point, en français, de son analogue et se prononce à peu près *e-eu*.

i se prononce comme en français. Cette voyelle est nulle ou n'est qu'une voyelle imparfaite dans les monosyllabes *chi*, *ji*, *tchi* et *tchhi*. A Péking, elle a le son de notre *è* ouvert dans les monosyllabes *chin*, *jin*, *tchin* et *tchhin*, qui se prononcent *chèn*, *jèn*, *tchèn* et *tchhèn*.

o et *ŏ* sonnent, le premier comme notre *o* long, sur lequel il faut appuyer plus longtemps et le second comme notre *o* bref;

u et *ou* comme en français.

Les voyelles composées *ai* et *ei*, qui se distinguent des diphthongues *ai et ei*, se prononcent comme notre *è* ouvert.

CONSONNES.

Les consonnes ont le même son qu'en français, sauf les exceptions suivantes :

h se prononce comme le *j* des Espagnols, *houan* comme *juan*; cette consonne est sifflante devant *i* et se prononce à peu près *sch* ou *ss*. Après *k*, *p*, *t*, *tch* (*kh*, *ph*, *th*, *tchh*), l'*h* marque une aspiration et ne figure pas dans les monosyllabes comme signe d'orthographe.

A Péking, *k* devant *i* a un son particulier, qui ne manque pas d'analogie avec le *zz* des Italiens.

ng initial est une sorte d'anhélation : elle est marquée, comme dans la grammaire de M. Abel-Rémusat, par une ' devant la voyelle ; *ng* ne sonne pas à la fin des monosyllabes et indique seulement que la voyelle ou la diphthongue, qui précède, est nasale.

ph ne doit pas se prononcer *f*, mais *pp*.

ss se prononce quelquefois comme *ch* ;

ths dur quelquefois comme *tch* ;

ts doux et sifflant devant *e* ou *eu*.

w se prononce *ou* à Péking et *v* dans quelques provinces.

eul est un son tout à la fois initial et final. Il est très-guttural dans le midi de la Chine.

DIPHTHONGUES ET TRIPHTHONGUES.

Les diphthongues sont formées de deux voyelles et les triphthongues de trois voyelles qui se prononcent par une seule émission de voix. Chacune de ces voyelles conserve le son qui lui est propre et que l'on vient d'indiquer. Il faut distinguer soigneusement l'*é* fermé et l'*è* ouvert d'avec l'*e* sans accent, éviter, par exemple, de prononcer *kheou* comme *khéou*, *theou* comme *théou*, etc.

INTONATIONS.

Chaque caractère chinois doit être prononcé suivant une intonation particulière. M. Abel-Rémusat, dans ses *Éléments de la grammaire chinoise*, n'en admet que quatre. «La première, enseigne-t-il, se nomme *phing*, ton égal ; les mots qui en sont affectés se prononcent d'une manière prolongée, sans élever ni abaisser la voix. La seconde intonation se nomme *'chang*, ton ascendant ; on la rend en élevant la voix sur le mot qui en est affecté. La troisième est appelée *khiu'*, ton descendant : la voix, d'abord égale, se perd *en s'en allant*, comme l'indique le nom chinois. La quatrième s'appelle *jŏu*, ton rentrant ou bref, parce que la prononciation, brève et coupée, s'interrompt comme si l'on reprenait sa respiration[1].»

[1] Abel Rémusat, *Grammaire chinoise*, prolégomènes, p. 95.

Toutefois les monosyllabes, en s'agrégeant dans la langue mandarine pour former des mots, perdent nécessairement quelque chose de l'intonation : cette intonation est moins forte. Il n'y a guère que le ton de la syllabe prédominante qui soit perceptible.

Un demi-cercle ', placé à gauche et un peu au-dessus du monosyllabe, indiquera dans cette grammaire le ton ascendant *'chang;* un demi-cercle ', placé à droite et un peu au-dessus du monosyllabe, indiquera le ton descendant *khiu*. On distinguera par le signe prosodique ◡ le ton bref ou rentrant *jou*. Les mots qui ne sont affectés d'aucun signe particulier devront être prononcés suivant la première intonation *phing*.

SYLLABES PRÉDOMINANTES.

Afin d'éviter la confusion des signes orthographiques et des signes prosodiques, on n'a point cherché à indiquer dans cette grammaire quel est le monosyllabe prédominant d'un mot composé. Cela, d'ailleurs, n'eût été que d'un faible secours aux étudiants. L'usage seul peut apprendre à prononcer correctement une langue.

GRAMMAIRE MANDARINE.

GRAMMAIRE MANDARINE.

Iʳᵉ SECTION.

DES SUBSTANTIFS.

§ 1ᵉʳ. NOMS PROPRES.

1. Les noms propres des Chinois ont une signification appellative et générale; les nôtres sont dans ce cas. 王 *Wang*, dans la langue écrite, signifie le Roi; 白 *Pĕ*, le Blanc; 石 *Chĭ*, la Pierre; 紅 *Houng*, le Rouge; 李 ‘*Li*, le Prunier, etc.

2. Chaque individu a un nom 姓 *sing’* et un surnom 名 *ming*.

3. Le *sing’* ou le *nomen* des Latins est commun à tous les individus qui composent une famille, *gentem;* le *ming*, improprement appelé le *surnom*, est le nom distinctif ou particulier que chaque individu reçoit en naissant.

4. Il faut remarquer que les noms de famille sont en général monosyllabiques[1], et que les surnoms ou les noms

[1] Il y a des noms de famille dissyllabiques: on les appelle 複姓 *fŏu-sing’*. J'en ai trouvé sept cents dans la *Biographie universelle*. (Voyez mes *Recherches sur les institutions administratives et municipales de la Chine*, p. 68.)

particuliers sont formés de deux monosyllabes qui s'agrègent. On trouve dans la *Biographie universelle* de la Chine deux mille trois cent quarante-cinq noms de famille différents[1], dont les plus communs sont 陳 *Tchhin*, 楊 *Yang*, 王 *Wang* et 李 *'Li*.

5. Dans les villes du troisième ordre, dans les bourgs et dans les villages, indépendamment du nom de famille (*sing'*) et du surnom (*ming*), chaque individu a encore un sobriquet 混名 *'hoen-ming*. Le sobriquet, comme l'indique le mot chinois, n'est qu'un surnom plus ou moins burlesque. Il remplace le surnom véritable (*ming*), et se met toujours après le nom de famille (*sing'*).

6. Comme le surnom, le sobriquet est formé de deux ou trois monosyllabes qui s'agrègent. Quant à son origine, à sa nature, il est aisé de comprendre que toutes les imperfections du corps, tous les défauts de l'esprit et du caractère, sont les sources communes d'où l'on tire habituellement le sobriquet. « Aussi, remarque un instituteur chinois, chaque homme a-t-il son sobriquet 各人有混名 : le nombre des sobriquets ne laisse pas d'être considérable 也多得狠着呢. Je vais vous en apprendre quelques-uns 我告訴你 : Il y a tel homme qu'on appelle le Grêlé 有叫麻子; tel autre qu'on nomme l'Aveugle 有瞎子; tel autre, le Sourd 聾子; tel autre, le Muet 啞吧子; tel autre, le Bègue 結吧子; tel autre, le Bredouilleur 咬牙子; tel autre, le Mâchonneur 咬舌子; tel autre, le Chauve 禿子; tel autre, le Bossu 佗子; tel autre, le Boiteux 蹶子 : ce sont là des défauts naturels

[1] Dans la langue écrite, c'est-à-dire 2345 noms de famille qui s'écrivent avec des caractères différents.

avec lesquels les hommes naissent 這是天生成的毛病兒; puis, comme les caractères des hommes ne se ressemblent pas 還有各人的脾氣。也有不同, il en résulte qu'il y a autant de sobriquets que de caractères 都有混名. Ainsi l'on dit : le Nigaud 獃子; le Fou 瘋子; le Lourdaud 蠢子, etc.[1]. »

7. Dans l'imposition des sobriquets, la malignité chinoise ne respecte ni les chefs ni les personnes les plus considérables des districts : le Tchi-hièn (gouverneur) a toujours un sobriquet. Ceux qu'on applique à certaines femmes sont quelquefois d'une grossièreté extrême; mais il y a des sobriquets d'un genre moins trivial, des sobriquets ironiques, fort plaisants et bien appliqués. On en trouve un très-grand nombre dans les pièces de théâtre.

8. Une des plus grandes difficultés de la langue écrite, c'est de distinguer les substantifs propres, par exemple les noms géographiques, des substantifs communs. Cette difficulté n'en est pas une, ou plutôt elle disparaît dans la langue parlée, car le *terme générique*, dont je parlerai dans la syntaxe des noms propres, terme qui accompagne toujours le nom d'une province, d'un département, d'un district, d'une rivière, d'une montagne, fait à peu près l'office d'une terminaison. On reconnaît à cette terminaison commune le nom d'une province, d'un département, d'un district, d'un bourg, d'un village, d'une rivière, d'un lac, d'une montagne, etc.

9. Les villes chinoises n'ont aucun nom particulier. On les désigne par le nom du département, de l'arrondissement ou du district, dont elles sont le chef-lieu. On dit : 順天府 *Chun'-thiên-fou*, ou le chef-lieu du département de Chun'-thièn, pour Péking : 廣州府 *'Kouang-tcheou-'fou*, ou le

[1] *Tcheng-in-thsu-yao*, liv. I, fol. 7 r° et v°.

chef-lieu du département de ʿKouang-tcheou, pour Canton. 北京 *Pei-king* (Péking) signifie Cour du nord, 南京 *Nan-king* (Nanking), Cour du midi.

10. Voici les noms des dix-huit provinces de la Chine :

PROVINCES SEPTENTRIONALES.

1. 直隸 *Tchu-li'* ;
2. 山東 *Chan-toung* ;
3. 山西 *Chan-si* ;
4. 河南 *Ho-nan*.

PROVINCES DE L'EST.

5. 江蘇 *Kiang-sou* ;
6. 安徽 *'An-hoeï* ;
7. 江西 *Kiang-si* ;
8. 浙江 *Tchè-kiang* ;
9. 福建 *Fou-kièn'*.

PROVINCES DU CENTRE.

10. 湖南 *Hou'-nan* ;
11. 湖北 *Hou'-pei*.

PROVINCES DE L'OUEST.

12. 陝西 *ʿChèn-si* ;
13. 甘肅 *Kan-sou* ;
14. 四川 *Sse'-tchhouèn*.

PROVINCES MÉRIDIONALES.

15. 廣東 *ʿKouang-toung* ;
16. 廣西 *ʿKouang-si* ;
17. 雲南 *Yun-nan* ;
18. 貴州 *Koueï'-tcheou*

11. La transcription chinoise des mots étrangers présente une foule d'obstacles. On peut juger de ces obstacles par les tableaux des groupes phonétiques de l'écriture chinoise, où l'on trouve à peu près tous les éléments vocaux de la langue.

12. Dans les versions chinoises du Nouveau Testament, particulièrement dans les versions protestantes, les noms propres deviennent quelquefois méconnaissables; on sait, d'ailleurs, que les protestants, pour éviter d'être confondus avec les catholiques, ont abandonné, puis remplacé par des mots nouveaux les termes consacrés, dont les Mathieu Ricci, les Adam Schall, les Prosper Intorcetta s'étaient servis pour exprimer convenablement les noms propres de la Bible [1].

13. Des irrégularités du même genre se retrouvent nécessairement dans les ouvrages d'histoire et de géographie publiés par les Chinois. Ainsi l'auteur du *Ing-hoan-tchï-lïo* (Géographie universelle) fait remarquer que le nom de la *France* est écrit de six manières différentes, à savoir :

佛郎西,
佛蘭西,
法蘭西,
佛郎機,
佛郎祭,
荷蘭西. [2]

Paris est orthographié :

巴勒

[1] Voy. le Mémoire de M. Abel-Rémusat sur les traductions de la Bible en langue vulgaire. (*Mélanges asiatiques*, t. I, p. 25).

[2] *Ing-hoan-tchï-lïo*, liv. VII, fol 3 r.

帕爾勒士
巴黎斯[1]

Mais ici la faute n'en est pas aux protestants; on ne doit s'en prendre qu'à la multiplicité et à la variété des idiomes européens. Tandis que, d'un côté, les noms propres des Chinois se trouvent écrits avec une orthographe sensiblement différente, tandis, par exemple, que le monosyllabe 上 est orthographié à la française, *chang*; à la portugaise, *xam*; à l'anglaise, *shang*; à l'allemande, *schang*; d'un autre côté, le nom de *Napoléon* est écrit en chinois 拿破侖 *Napolun*, par un Anglais, 拿破戾翁 *Napolioung*, par un Portugais, etc.

14. Avec un bon système de transcription, on peut remédier à la plupart de ces inconvénients; mais il faut qu'on adopte, pour la transcription des mots étrangers, les syllabaires de l'empereur Khièn-loung, notamment le 清漢對音字式 ou la concordance mandchoue et chinoise. M. Stanislas Julien, dont l'autorité est si grande, a déjà montré les ingénieuses applications que les Chinois savent en faire.

§ 2. NOMS COMMUNS.

15. Les substantifs communs sont formés de la réunion de deux ou de plusieurs monosyllabes qui s'agrègent.

16. Un substantif chinois peut être composé de sept manières différentes :

1° De deux monosyllabes exprimés par deux caractères, dont le premier représente étymologiquement un substantif radical, et le second, la terminaison commune des substantifs :

[1] *Ing houan-tchi lio*, liv. VII, fol. 6 r.

2° De deux monosyllabes exprimés par deux caractères, dont le premier représente un substantif, quelquefois un verbe, et le second, une terminaison spéciale des substantifs;

3° De deux monosyllabes, exprimés par deux caractères, dont le premier représente un nom de nombre, et le second, un substantif radical;

4° De deux monosyllabes ou de deux substantifs radicaux exprimés par deux caractères;

5° De deux monosyllabes ou de deux substantifs radicaux exprimés par deux caractères, dont le premier est au génitif et le second au nominatif;

6° De deux monosyllabes exprimés par deux caractères, dont le premier représente un adjectif, et le second, un substantif;

7° Enfin, de trois ou de quatre monosyllabes exprimés par trois ou quatre caractères.

17. Il y a donc sept classes de substantifs; on les examinera successivement.

1re CLASSE.

Noms composés de deux monosyllabes, exprimés par deux caractères, dont le premier représente un substantif radical, et le second la terminaison commune des substantifs.

18. La terminaison commune des substantifs *'tseu* est exprimée par le caractère 子 fils, qui est la clef de la filiation, de la production. Si l'on retranche d'un substantif chinois la terminaison commune 子 *'tseu*, ce qui reste est, à proprement parler, le radical ou la forme écrite du nom, le substantif des anciens livres ou de la langue savante. Les noms substantifs de cette classe ne manquent pas d'une certaine analogie avec les noms latins *corp-us*, *nas-us*, *domin-us*,

barb-a, *barbul-a*, *argent-um*, *sedil-e*, etc., et la terminaison *ˁtseu* semble répondre aux désinences ou aux terminaisons latines *us*, *a*, *um*, *e*, etc.

鼻子 *pi²-ˁtseu*, le nez;
女子 *ˁniu-ˁtseu*, la femme;
妹子 *meï²-ˁtseu*, la sœur cadette;
獅子 *sse-ˁtseu*, le lion;
日子 *ji-ˁtseu*, le jour;
銀子 *in-ˁtseu*, l'argent;
椅子 *ˁi-ˁtseu*, la chaise;
鞋子 *hiai-ˁtseu*, les souliers;
辮子 *pièn²-ˁtseu*, la queue des Chinois;
桌子 *tchŏ-ˁtseu*, la table;
麥子 *mĕ-ˁtseu*, le blé;
菓子 *ˁkouo-ˁtseu*, les fruits;
刀子 *tao-ˁtseu*, le couteau;
鏡子 *ˁking-ˁtseu*, le miroir;
法子 *fă-ˁtseu*, le système;
廚子 *tchhou-ˁtseu*, le cuisinier;
名子 *ming-ˁtseu*, le nom, etc.

Il faut observer que la terminaison commune *ˁtseu* peut s'adapter à un substantif formé de deux monosyllabes; on en trouvera des exemples dans la septième classe.

2ᵉ CLASSE.

Noms composés de deux monosyllabes exprimés par deux caractères, dont le premier représente un substantif ou un verbe, et le second une terminaison spéciale des substantifs.

19. Les terminaisons spéciales des substantifs sont 頭

theou, la tête; 人 *jin*, l'homme; 夫 *fou*, le maître; 戶 *hou'*, le chef d'une famille; 匠 *tsiang'*, l'artisan; 手 *'cheou*, la main, etc.

1. SUBSTANTIFS TERMINÉS EN *THEOU*.

20. Ils sont formés, comme les précédents, de deux parties: la première est le radical du nom; la seconde la terminaison spéciale des objets matériels et de forme ronde, circulaire, unie, etc.

指頭 *'tchi-theou*, le doigt;
石頭 *chĭ-theou*, la pierre;
日頭 *jĭ-theou*, le soleil;
心頭 *sin-theou*, le cœur;
口頭 *'kheou-theou*, la bouche;
葱頭 *thsoung-theou*, les oignons;
饅頭 *man-theou*, le pain;
木頭 *mŏu-theou*, le bois;
磚頭 *tchouan-theou*, les briques;
斧頭 *'fou-theou*, la hache;
馬頭 *'ma-theou*, un port;
渡頭 *tou'-theou*, un bac;
浪頭 *lang-theou*, les vagues, etc.

2. SUBSTANTIFS TERMINÉS EN *JIN*, *FOU* ET *HOU'*.

21. Ces terminaisons répondent aux terminaisons latines en *tor* pour le masculin et en *trix* pour le féminin. Les substantifs de cette classe sont formés de deux parties, savoir: d'un substantif radical ou d'un verbe qui exprime, soit une profession soit un état particulier, une manière d'être, une

action, et d'une terminaison qui désigne le sujet ou l'agent. Exemples :

鄰人 *lin-jin*, le voisin;
差人 *tchhaï-jin*, le messager;
主人 *ʿtchou-jin*, le maître;
家人 *kia-jin*, le domestique;
農夫 *noung-fou*, le laboureur;
挑夫 *thiao-fou*, le porte-faix;
轎夫 *khiao-fou*, le porteur de chaise.
渡夫 *tou'-fou*, le batelier;
屠戶 *thou-hou'*, le boucher;
獵戶 *lièi-hou'*, le chasseur;
鋪戶 *phou'-hou'*, le boutiquier;
店戶 *tièn'-hou'*, l'aubergiste, etc.

3. SUBSTANTIFS TERMINÉS EN *TSIANG'* ET *ʿCHEOU*.

22. Ce sont des noms de métier formés de deux parties : la première est un substantif radical, qui exprime la matière, l'objet; la seconde est une terminaison spéciale qui désigne l'agent. Exemples :

鞋匠 *hiai-tsiang'*, le cordonnier;
木匠 *mŏu-tsiang'*, le charpentier;
石匠 *chi-tsiang'*, le maçon;
鐵匠 *thiei-tsiang'*, le forgeron;
船手 *tchhouèn-ʿcheou*, le matelot;
水手 *ʿchoui-ʿcheou*, le marin;
砲手 *ʿphao-ʿcheou*, le canonnier;
書手 *chou-ʿcheou*, le copiste, etc.

Il est visible que les substantifs chinois terminés en *jin*, *fou* et *hou'*, sont parfaitement analogues (on ne parle ici que de la formation) aux mots composés des Anglais : *husbandman*, laboureur; *huntsman*, chasseur; *waterman*, batelier; *tradesman*, marchand; *chinaman*, faïencier; *tinman*, ferblantier, etc.; et que les substantifs terminés en *tsiang'* et en *'cheou* ne ressemblent pas moins aux mots *shoemaker*, cordonnier; *coachmaker*, carrossier; *hatmaker*, chapelier; *boxmaker*, layetier; *silversmith*, orfévre; *locksmith*, serrurier.

23. Les terminaisons spéciales que l'on vient d'indiquer ne sont pas les seules; il y en a une foule d'autres. Il y en a pour toutes les nomenclatures, pour la médecine, la botanique, la zoologie, l'ornithologie, l'ichthyologie, la minéralogie, etc. De même que, dans l'écriture ou dans la langue écrite, les *caractères* qui servent à représenter les arbres, les plantes, les poissons, les oiseaux, les minéraux, etc., se composent de deux parties, dont l'une fixe le genre et dont l'autre détermine l'espèce; de même, dans le langage ou dans la langue parlée, les *noms* des arbres, des plantes, des poissons, des oiseaux, des minéraux, etc., se composent de deux parties, c'est-à-dire de deux, trois ou quatre monosyllabes, dont le dernier, qui fait l'office d'une terminaison, marque le genre, et dont les autres déterminent l'espèce. Ces noms chinois sont exactement formés comme les mots anglais *pear-tree*, poirier; *plum-tree*, prunier; *ash-tree*, frène; *maple-tree*, érable; *mulberry-tree*, mûrier; *craw-fish*, écrevisse; *sea-fish*, poisson de mer; *cornelian-stone*, la cornaline; *load-stone*, l'aimant; *brim-stone*, le soufre, etc. Dans la nomenclature, 樹 *chou'*, arbre, est la terminaison spéciale des noms d'arbres; 魚 *in*, poisson, est la terminaison spéciale des noms de poissons; 鳥 *'niao*, oiseau, est la terminaison spéciale des

noms d'oiseaux; 石 *chi*, pierre, est la terminaison spéciale des noms de minéraux. Exemples :

NOMS D'ARBRES.

梨樹 *li-chou'*, le poirier;
柏樹 *pĕ-chou'*, le cyprès;
桃樹 *thao-chou'*, le pêcher;
梅樹 *meï-chou'*, le prunier;
桑樹 *sang-chou'*, le mûrier;
竹樹 *tchŏu-chou'*, le bambou;
槐樹 *hoaï-chou'*, le frêne;
松樹 *soung-chou'*, le sapin;
榆樹 *iu-chou'*, l'orme;
木棉樹 *mŏu-mièn-chou'*, le cotonnier, etc.

NOMS DE POISSONS.

鯉魚 *'li-iu*, la carpe;
鯊魚 *cha-iu*, le requin;
花魚 *hoa-iu*, le goujon;
鱑魚 *hoang-iu*, l'esturgeon;
鰍魚 *thsiéou-iu*, l'anguille;
狗吐魚 *'keou-thou'-iu*, le saumon;
鞋底魚 *hiai-ti-iu* } la sole.
比目魚 *'pi-mŏu-iu* }

NOMS DE MINÉRAUX.

藍寶石 *lan-'pao-chĭ*, l'améthyste;
金鋼石 *kin-khang-chĭ*, le diamant;

紅寶石 *houng-ʿpao-chĭ*, le rubis;
大理石 *ta'-ʿli-chĭ*, le marbre (brun), etc.

On a vu précédemment (8) que les noms dynastiques, les noms de royaumes, de villes, de fleuves, de rivières, de montagnes, etc., sont tous pourvus d'une terminaison spéciale.

3e CLASSE.

Noms composés de deux monosyllabes exprimés par deux caractères, dont le premier est un nom de nombre et le second un substantif radical.

24. Les substantifs de cette petite classe offrent des points de rapport avec quelques-uns de nos mots composés ou de nos termes de nomenclature, comme un *trois-mâts*, les *quatre-temps*, la *cinq-lignes*, un *six-doigts*, un *sept-œil*, des *huit-pieds*, etc. On dit, à la Chine : les *deux-parents* pour le père et la mère; les *trois-précieux*, pour la triade (locution bouddhique); les *quatre choses précieuses*, pour le pinceau, le papier, l'encre et la pierre à broyer; les *cinq éléments*, pour les éléments; les *six bureaux*, pour l'administration; les *neuf-portes*, pour la capitale; les *cent familles*, pour le peuple, etc. « D'après un usage fondé sur des distinctions systématiques ou d'anciennes traditions, dit M. Abel-Rémusat, certains nombres sont affectés à certaines classes d'objets. » Cela est vrai; ajoutons seulement que la plupart de ces locutions se sont introduites dans la langue mandarine et y ont formé des mots composés. Exemple :

二親 *eul'-thsin*, le père et la mère;
三位 *San-Wei'*, la Sainte-Trinité;
四寶 *sse'-ʿpao*, un nécessaire;
五行 *ʿou-hing*, les éléments;

六房 *lŏu-fang*, l'administration;
七罪宗 *thsĭ-tsouï'-tsoung*, les sept péchés capitaux;
八方 *pă-fang*, la boussole;
九門 *'kiéou-men*, la capitale;
十誡 *chĭ-kiaï'*, le décalogue;
百姓 *pĕï-sing'*, le peuple;
萬民 *wan'-min*, les peuples, etc.

4e CLASSE.

Noms composés de deux monosyllabes ou de deux substantifs radicaux exprimés par deux caractères.

25. Cette classe doit être partagée en deux sections.

On rangera dans la première les noms communs formés de l'agrégation de deux termes monosyllabiques, dont l'un exprime étymologiquement une idée principale et l'autre une idée accessoire. Ainsi le mot de la langue écrite 父 *fou'*, le père, joint au mot de la langue écrite 親 *thsin*, le parent, forme le composé 父親 *fou'-thsin*, substantif commun, qui, dans la langue parlée signifie, le père; 孝 *hiao'*, la piété filiale, joint à 順 *chun'*, l'obéissance, forme le composé 孝順 *hiao'-chun'*, qui signifie la piété filiale; 規 *koueï*, le compas, joint à 矩 *'kiu*, la règle, forme le composé 規矩 *koueï-'kiu*, qui signifie la règle.

La seconde section comprend les substantifs communs formés de l'agrégation de deux termes monosyllabiques d'une signification opposée. Par exemple, le monosyllabe écrit 父 *fou'*, le père, joint au monosyllabe écrit 毋 *'mou*, la mère, forme le composé 父毋 *fou'-'mou*, substantif commun, qui, dans la langue parlée, signifie le père et la mère; 好 *'hao*, le bien, joint à 歹 *'taï*, le mal, forme le composé 好

歹 *ʿhao-ʿtai*, qui signifie le bien et le mal. Quelquefois l'idée commune aux deux termes de la langue écrite ou de la langue savante est la seule qui reste attachée au composé. Ainsi le monosyllabe 買 *ʿmaè*, acheter, joint au monosyllabe 賣 *maïʾ*, vendre, forme le composé 買賣 *ʿmaè-maïʾ*, substantif commun, qui, dans la langue parlée, signifie le commerce : 弟 *tiʾ*, le frère cadet, joint à 兄 *hioung*, le frère aîné, forme le composé 弟兄 *tiʾ-hioung*, qui signifie le frère, sans désignation d'âge; 東 *toung*, l'orient, joint à 西 *si*, l'occident, forme le composé 東西 *toung-si*, qui n'a, dans la langue parlée, que la signification vague de chose.

1. SUBSTANTIFS COMMUNS FORMÉS DE L'AGRÉGATION DE DEUX TERMES SIMPLES, DONT L'UN EXPRIME UNE IDÉE PRINCIPALE ET L'AUTRE UNE IDÉE ACCESSOIRE.

父親 *fouʾ-thsin*, le père;
母親 *ʿmou-thsin*, la mère;
孝順 *hiaoʾ-chunʾ*, la piété filiale;
祖宗 *ʿtsou-tsoung*, les ancêtres;
風俗 *foung-sŏu*, les coutumes;
朋友 *pheng-ʿyéou*, un ami;
規矩 *kouei-ʿkiu*, la règle;
分別 *fenʾ-piĕi*, la différence;
道理 *taoʾ-ʿli*, la raison;
歡喜 *hoan-ʿhi*, la joie;
憂悶 *yéou-menʾ*, la tristesse;
驕傲 *kiao-ʾaoʾ*, l'orgueil;
願意 *youèn-iʾ*, le désir;
意思 *iʾ-sseʾ*, la pensée;

比方 *ʿpi-fang*, la comparaison;
衣服 *i-fŏu*, les habits;
樹木 *chou'-mŏu*, les arbres, etc.

2. SUBSTANTIFS COMMUNS FORMÉS DE L'AGRÉGATION DE DEUX TERMES D'UNE SIGNIFICATION OPPOSÉE.

父母 *fou'-ʿmou*, le père et la mère;
天地 *thièn-ti'*, le ciel et la terre;
日月 *jĭ-yŭei*, le soleil et la lune;
男女 *nan-ʿniu*, les hommes et les femmes;
水火 *ʿchoui-ʿho*, l'eau et le feu;
好歹 *ʿhao-ʿtaï*, le bien et le mal;
大小 *ta'-ʿsiao*, les grands et les petits;
熱冷 *jĕ-ʿlèng*, le chaud et le froid;
左右 *tso'-yéou'*, les assistants;
兄弟 *hioung-ti'*, le frère cadet;
弟兄 *ti'-hioung*, les frères;
東西 *toung-si*, la chose;
買賣 *ʿmaè-maï'*, le commerce;
牙齒 *ya-ʿtchhi*, les dents;
衣裳 *i-ʿtchang*, les vêtements;
問答 *wen'-tă*, le dialogue;
遠近 *ʿyouèn-kin'*, la distance, etc.

5e CLASSE.

Noms composés de deux monosyllabes ou de deux substantifs radicaux exprimés par deux caractères, dont le premier est au génitif par position, et le second au nominatif.

26. Étymologiquement, les nombreux substantifs de cette

classe sont analogues à nos mots composés : un *garde des sceaux*, un *aide de camp*, une *barbe-de-moine*, une *belle-de-nuit*, un *pied-de-biche*, etc.; mais, comme, en chinois, lorsque deux noms sont en construction, le terme antécédent se place après le terme conséquent, il s'ensuit que les substantifs composés, formés de l'agrégation de deux substantifs radicaux, dont le premier est au génitif et le second au nominatif, offrent plus de ressemblance encore avec les mots composés des Anglais, *bankbill*, billet de banque; *feather-bed*, lit de plume; *sea-port*, port de mer; *sea-sickness*, mal de mer; *china-ware*, porcelaine; *church-warden*, marguillier, etc. On dit à la Chine, le *Seigneur du Ciel*, pour Dieu; le *Temple du Ciel*, pour le Paradis; le *Royaume du milieu*, pour la Chine; le *feu des passions*, pour la concupiscence; la *maison des livres*, pour la bibliothèque; *l'art du calcul*, pour l'arithmétique; le *souffle de la bouche*, pour l'haleine; la *couleur du visage*, pour le teint; les *cheveux de la tête*, pour les cheveux; *une forêt d'arbres*, pour une forêt; le *repas du matin*, pour le déjeuner, etc.

天主 *Thièn-ʿtchou*, Dieu;
天堂 *Thièn-thang*, le Paradis;
福音 *Foŭ-in*, l'Évangile (vox felicitatis);
中國 *Tchoung-kŏue*, la Chine;
書房 *chou-fang*, la bibliothèque;
算法 *souan'-fă*, l'arithmétique;
口氣 *ʿkheou-khi'*, l'haleine;
早飯 *ʿtsao-fan'*, le déjeuner;
晩飯 *ʿwan-fan'*, le souper;
面色 *mièn'-sĕ*, le teint;

地方 *ti'-fang*, une place;
生意 *seng-i'*, le commerce;
頭髮 *theou-fă*, les cheveux;
樹林 *chou'-lin*, une forêt;
手套 *'cheou-thao'*, des gants
恩典 *'èn-'tièn*, une faveur;
礼貌 *'li-mao'*, la civilité;
春天 *tchhun-thièn*, le printemps;
夏天 *hia'-thièn*, l'été;
秋天 *thsïeou-thièn*, l'automne
冬天 *toung-thièn*, l'hiver;
天氣 *thièn khi'*, le temps;
年紀 *nièn-'ki*, l'âge;
性情 *sing'-thsing*, le caractère;
性命 *sing'-ming'*, la vie;
牛肉 *nieou-jŏ*, du bœuf;
口音 *'kheou-in*, la prononciation;
眼睛 *'yèn-tsing*, les yeux, etc.

6e CLASSE.

Noms composés de deux monosyllabes exprimés par deux caractères, dont le premier représente un adjectif et le second un substantif.

27. Nous avons dans notre langue une foule de mots composés parfaitement analogues aux substantifs de cette classe. Nous disons : un *esprit fort*, un *faux frère*, un *faux-fuyant*, un *faux jour*, un *faux-monnayeur*, un *faux pas*, une *sage-femme*, la *grand'messe*, un *grand-oncle*, etc. On dit à la Chine : *l'auguste ciel*, pour le ciel ; *l'auguste Empereur*, pour l'Empereur : la *ville extérieure*, pour les faubourgs ; le *métal jaune*, pour

l'or; le *métal blanc*, pour l'argent: le *légume blanc*, pour le chou; un *vieux rat*, pour un rat: un *vieux tigre*, pour un tigre; un *vent furieux*, pour une tempête; le *cochon mâle*, pour le cochon: le *cochon femelle*, pour la truie. Exemples :

皇天 *hoang-thièn* } le ciel:
上天 *ˁchang-thièn* }
皇上 *Hoang-ˁchang*, l'Empereur:
北京 *Pĕï-king*, Péking:
南京 *Nan-king*, Nanking;
外城 *waï'-tchheng*; les faubourgs;
光棍 *kouang-kouen'*, un filou;
老鼠 *ˁlao-ˁchou*, un rat:
老虎 *ˁlao-ˁhou*, un tigre;
公猪 *koung-tchou*, le cochon:
母猪 *ˁmou-tchou*, la truie;
白菜 *pĕ-thsaï'*, le chou (brassica alba);
小菜 *ˁsiao-thsaï'*, les légumes;
暴風 *pao'-foung*, une tempête;
本分 *ˁpen-fen'*, obligations;
姑娘 *kou-niang*, une fille:
靑草 *thsing-ˁthsao*, le gazon;
老爺 *ˁlao-yè*, monsieur;
寡婦 *ˁkoua-fou'*, une veuve:
小心 *ˁsiao-sin*, attention;
笑話 *siao'-hoa'*, plaisanterie;
良心 *leang-sin*, la conscience;
高名 *kao-ming*, la célébrité:

大胆 *ta'-ᶜtan*, le courage;
白礬 *pĕ-fan*, alun;
長城 *tchhang-tchheng*, la grande muraille;
黃河 *Hoang-ho*, le Fleuve jaune, etc.

7e CLASSE.

Noms composés de trois ou quatre monosyllabes exprimés par trois ou quatre caractères.

28. Les noms formés de l'agrégation de trois ou de plusieurs monosyllabes, qui s'écrivent avec trois ou plusieurs caractères, ne laissent pas que d'être assez nombreux dans la langue mandarine. Étymologiquement, ces substantifs communs n'ont aucun caractère qui les distingue des autres; ils sont tous formés d'après les six procédés que l'on vient d'énumérer, car, si nous examinons l'ordre dans lequel on y combine les monosyllabes, nous trouvons que la terminaison commune *ᶜtseu* ou une terminaison spéciale des substantifs peut s'adapter parfaitement à un mot formé de deux monosyllabes, comme dans 啞吧子 *ya-pa-ᶜtseu*, le muet; 中國人 *tchoung-koŭe-jin*, les Chinois. Il n'est pas moins évident que le substantif 天主堂 *thièn-ᶜtchou-thang*, une église, appartient à la cinquième classe, et que le substantif 小生意 *ᶜsiao-seng-i'*, un petit commerce (*retail trade*), correspond à la sixième classe, etc.

啞吧子 *ya-pa-ᶜtseu*, un muet;
兩口子 *ᶜleang-ᶜkheou-ᶜtseu*, les époux;
野鴨子 *ᶜyè-yă-ᶜtseu*, canard sauvage;
外國人 *waï'-koŭe-jin*, un étranger;
中國人 *Tchoung-koŭe-jin*, un Chinois;

天主教 *thièn-ʿtchou-kiao'*, le christianisme;
大樹林 *ta'-chou'-lin*, une forêt;
大炮兵 *ta'-phao'-ping*, l'artillerie;
國子監 *koŭe-ʿtseu-kièn*, le collége impérial;
讀書人 *toŭ-chou-jin*, les lettrés;
買賣人 *ʿmaè-maï'-jin*, les marchands;
火輪船 *ʿho-lun-tchhouèn*, un bateau à vapeur;
火輪車行 *ʿho-lun-tchhe-hang*, un embarcadère, etc.

§ 3. DES SUBSTANTIFS AUXILIAIRES ET DÉTERMINATIFS.

29. Sans vouloir assujettir les idiomes chinois à la méthode européenne, on ne craint pas d'affirmer ici qu'il existe, dans la langue mandarine, comme dans la langue japonaise, un assez grand nombre de mots que l'on peut appeler, avec le savant M. Edkins, des substantifs auxiliaires. Ils méritent d'en retenir le nom, car ils viennent au secours des substantifs les plus communs, c'est-à-dire des monosyllabes élémentaires et radicaux, qui s'écrivent avec un seul caractère et représentent les substantifs de la langue primitive. « Pour obvier, dit M. Abel-Rémusat, aux inconvénients qui résulteraient, dans la langue parlée, de la multiplicité des termes homophones, on y fait usage de mots composés. » Les substantifs auxiliaires n'ont point d'autre origine.

30. Tous les mots de ce genre servent principalement à fixer le sens des substantifs radicaux ou primitifs, dont l'emploi conduirait aujourd'hui à des équivoques et à des malentendus. Si l'on se bornait à dire 一書 *i-chou*, pour un livre, le sens du monosyllabe *chou* deviendrait équivoque; mais que l'on interpose entre l'adjectif numéral *ĭ*, un, et le substantif radical *chou*, livre, le substantif auxiliaire 本

ʿpen, l'équivoque cesse à l'instant même; on a le mot composé *ĭ-ʿpen-chou*, qui signifie un livre. Comme déterminatifs, les substantifs auxiliaires restreignent souvent l'idée d'une plus grande étendue à une plus petite, 一斤羊肉 *ĭ-kin-yang-jŏ*, une livre de mouton.

31. Dans la plupart des cas, le substantif auxiliaire s'interpose entre un nom de nombre et la chose nombrée; de là vient que les missionnaires appellent ce mot une *particule numérale*, et que les Anglais le désignent aujourd'hui sous le titre de *classifier*. Le P. Basile en a rédigé une table incomplète, que l'on trouve à la fin de son Dictionnaire. Il est bon de remarquer: 1° que les substantifs auxiliaires se combinent souvent avec des substantifs dissyllabiques ou trissyllabiques: 2° que ces sortes de mots composés ont parfois de l'analogie avec nos locutions françaises une *paire de souliers*, une *feuille de papier*, un *coup de vent*, une *balle de coton*, une *goutte d'encre*, une *pièce de terre*, etc.

一件事情 *ĭ-kièn'-ssé'-thsing*, une affaire;
一把刀子 *ĭ-ʿpa-tao-ʿtseu*, un couteau;
一乘轎子 *ĭ-cheng'-kiao'-ʿtseu*, une chaise à porteurs;
一對鞋 *ĭ-toui'-hiaï*, une paire de souliers;
三張紙 *san-tchang-ʿtchi*, trois feuilles de papier;
一張桌子 *ĭ-tchang-tcho-ʿtseu*, une table;
九塊大洋錢 *ʿkieou-khouaï'-ta'-yang-thsièn*, neuf dollars;
一條銅錢 *ĭ-thiao-thoung-thsièn*, une ligature;
一陳風 *ĭ-tchhin-foung*, un coup de vent;
一隻船 *ĭ-tchĭ-tchhouèn*, un navire;
一包棉花 *ĭ-pao-mièn-hoa*, une balle de coton
一點墨 *ĭ-ʿtièn-mĕ*, une goutte d'encre;

一段地 *i-touan'-ti'*, une pièce de terre;
一方猪肉 *i-fang-tchou-jŏ*, un morceau de porc, etc.

32. Les collectifs, généraux ou partitifs, les noms monosyllabiques des poids et des mesures, peuvent être regardés grammaticalement comme des substantifs auxiliaires.

DU GENRE.

33. Les substantifs communs représentant des êtres inanimés n'ont point de genre dans la langue chinoise.

34. Le genre d'un nom substantif représentant un être animé se reconnaît ou par sa signification, ou par un monosyllabe avec lequel il se combine. Ces monosyllabes spéciaux sont :

男 *nan*, mâle
女 *'niu*, femelle
父 *fou'*, père
母 *'mou*, mère
} pour les hommes et les femmes;

公 *koung*, mâle
母 *'mou*, mère
} pour les animaux.

On dit :

男人 *nan-jïn*, l'homme;
女人 *'niu-jïn*, la femme;
伯父 *pĕ-fou'*, l'oncle;
伯母 *pĕ-'mou*, la tante;
公狗 *koung-'keou*, le chien;
母狗 *'mou-'keou*, la chienne.

35. Il y a dans la langue écrite beaucoup de noms qui

marquent les sexes des animaux: on ne fait point usage de ces noms dans la langue parlée.

DU NOMBRE.

36. On forme le pluriel des substantifs qui représentent les personnes *comme on forme le pluriel des pronoms*, en ajoutant au singulier la particule 們 *men;* ce monosyllabe, n'ayant par lui-même aucune signification, doit être regardé comme un affixe :

朋友 *pheng-ˊyéou*, l'ami;
朋友們 *pheng-ˊyéou-men*, les amis;
先生 *siën-seng*, le maître;
先生們 *siën-seng-men*, les maîtres;
孩子 *haï-ˊtseu*, l'enfant;
孩子們 *haï-ˊtseu-men*, les enfants;
奴婢 *ˊnou-ˊpi*, la servante;
奴婢們 *ˊnou-ˊpi-men*, les servantes;
中堂 *tchoung-thang*, le ministre d'État;
中堂們 *tchoung-thang-men*, les ministres d'État;
老爺 *ˊlao-yè*, monsieur;
老爺們 *ˊlao-yè-men*, messieurs, etc.

37. La particule *men* équivaut à une désinence; mais elle est infiniment rare. Si l'on excepte les substantifs qui représentent les personnes, on peut affirmer que la distinction des nombres n'existe pas grammaticalement. Ce qui la rend inutile, c'est l'emploi systématique d'un terme collectif, préposé ou postposé, ou bien d'un adverbe de nombre que l'on introduit dans la phrase.

38. Le collectif qui se place avant le substantif est 衆 *tchoung'*; il marque l'universalité.

Le collectif qui se place après le substantif est 都 *tou;* il marque à la fois la dualité et la pluralité.

L'adverbe qu'on emploie le plus habituellement est 多 *to*, beaucoup.

RAPPORTS DES SUBSTANTIFS.

39. Il y a dans la langue mandarine, comme dans la langue turque, la mongole, la mandchoue et la hongroise, des particules qui remplacent les *désinences*, marquent les *cas*, expriment les *rapports* que les mots ont entre eux.

Ces particules se divisent en deux classes, les *prépositives* ou *préfixes* et les *postpositives* ou *affixes*.

40. Le substantif chinois, invariable dans sa forme, incrusté dans le caractère ou dans les caractères qui le représentent, est toujours distinct de la *marque* du rapport, avec laquelle il s'*agrége*, s'associe, mais ne peut pas s'*unir*, comme en latin ou en grec les désinences s'unissent au radical. Toutefois, si l'on écrit les particules avec le thème du mot, on forme alors de la manière suivante le paradigme d'une déclinaison chinoise.

SINGULIER.

Nom.		朋友	*pheng-ʿyéou*, l'ami:	
Gén.		朋友的	*pheng-ʿyéou-tĭ*, de l'ami;	
Dat.		給朋友	*ki-pheng-ʿyéou*, à l'ami;	
Acc.	(av. le verbe)	把朋友	*ʿpa-pheng-ʿyéou*	l'ami,
	(ap. le verbe)	朋友	*pheng-ʿyéou*	
Instr.		被朋友	*pi'-pheng-ʿyéou*, par l'ami.	

PLURIEL.

Nom. 朋友們 *phong-ʿyéou-men*, les amis;
Gén. 朋友們的 *phong-ʿyéou-men-tĭ*, des amis;
Dat. 給朋友們 *kĭ-phong-ʿyéou-men*, aux amis;
Acc. { (av. le verbe) 把朋友們 *ʿpa-phong-ʿyéou-men* / (ap. le verbe) 朋友們 *phong-ʿyéou-men* } les amis;
Instr. 被朋友們 *pĭ'-phong-ʿyéou-men*, par les amis.

41. On traitera séparément des particules prépositives et des postpositives, ou des monosyllabes qui indiquent les rapports des substantifs.

IIe SECTION.

DES ADJECTIFS.

§ 1. DES ADJECTIFS QUALIFICATIFS.

1. ADJECTIFS SIMPLES.

42. La terminaison commune des adjectifs est exprimée par le caractère 的 *tĭ*, qui est aussi la marque du génitif en chinois (conf. 40). Si l'on retranche d'un adjectif simple la terminaison commune *tĭ*, on a le radical du mot ou l'adjectif *élémentaire et radical*. Exemples :

大的 *ta'-tĭ*, grand;
小的 *ʿsiao-tĭ*, petit;
好的 *ʿhao-tĭ*, bon;
惡的 *ʿo-tĭ*, mauvais;
白的 *pe-tĭ*, blanc;

黑的 *hĕ-tĭ*, noir;
紅的 *houng-tĭ*, rouge;
藍的 *lan-tĭ*, bleu clair;
紫的 *ʿtseu-tĭ*, violet;
青的 *thsing-tĭ*, bleu céleste;
黃的 *hoang-tĭ*, jaune, etc.

43. D'après la logique, tout adjectif suppose un substantif; mais une des plus remarquables singularités du chinois, c'est que l'adjectif élémentaire et radical, l'adjectif qui n'est point *particulé*, n'a de signification qu'autant qu'il est joint (adjectus) au substantif; alors il s'agrége presque toujours avec celui-ci et contribue à former un substantif composé de la sixième classe (conf. 27).

44. Quand l'adjectif simple est placé avant le substantif auquel il se rapporte et conserve sa signification adjective, il offre une assez grande ressemblance avec les adjectifs français qui précèdent *toujours* les substantifs qu'ils qualifient, comme *beau*, dans *beau garçon; jeune*, dans *jeune homme; cher*, dans *cher ami; saint*, dans *saint Thomas*.

2. ADJECTIFS COMPOSÉS.

45. Les adjectifs composés ne se distinguent des substantifs de la quatrième classe (conf. 25) que par la *position* et la terminaison commune des adjectifs 的. Ces mots sont formés de l'agrégation de deux termes simples que l'on regarde à tort comme synonymes, ou de la réunion de deux termes d'une signification opposée.

Adjectifs formés de l'agrégation de deux termes simples, dont l'un exprime une idée principale et l'autre une idée accessoire.

喜歡 *ʿhi-hoan*, content.

苦惱 *‘khou-‘nao*, infortuné;
爽快 *‘chouang-khouaï’*, joyeux;
聰明 *thsoung-ming*, intelligent;
嬾惰 *‘lan-to’*, paresseux;
辛惱 *sin-‘khou*, fatigué;
清爽 *thsing-‘chouang*, clair;
冷靜 *‘leng-tsing’*, solitaire;
窮苦 *khioung-‘khou*, pauvre;
乾淨 *kan-tsing’*, propre (sans tache), etc.

Adjectifs formés de l'agrégation de deux termes d'une signification opposée.

富貴 *fou’-kouei’*, riche et noble;
輕重 *khing-tchoung’*, léger ou pesant;
大小 *ta’-‘siao*, grand ou petit;
長短 *tchhang-‘touan*, long ou court;
厚薄 *heou’-pŏ*, épais ou mince;
深淺 *chin-‘thsièn*, profond ou superficiel;
冷熱 *‘leng-jĕ*, froid ou chaud;
高低 *kao-ti*, haut ou bas;
新古 *sin-‘kou*, nouveau ou ancien;
眞假 *tchin-‘kia*, vrai ou faux, etc.

46. Toutes les fois qu'un mot n'est pas susceptible d'être pris adjectivement ou quand un adjectif manque, on qualifie le substantif au moyen d'une proposition incidente, formée 1° du verbe actif 有 *‘yéou*, avoir; 2° d'un substantif simple ou composé; 3° de la particule 的 *ti*, qui fait l'office du pronom relatif *qui*.

Cette proposition incidente se place avant la proposition

principale à laquelle elle se rattache, et, par conséquent, avant le substantif qu'elle qualifie.

47. Il existe encore une foule de locutions adjectives, et M. Gutzlaff a raison d'avertir que l'on peut placer avant les substantifs chinois un très-grand nombre de mots, « it is « peculiar to the chinese language to unite a great many « words before nouns, which then assume the nature of « adjectives[1]. »

48. On forme le comparatif et le superlatif de plusieurs manières différentes; nous en parlerons dans la syntaxe.

§ 2. ADJECTIFS NUMÉRAUX OU NOMS DE NOMBRE.

1. NOMBRES CARDINAUX.

49. Les noms de nombres cardinaux sont :

一 *ĭ*, un;
二 *eul'*, deux;
三 *san*, trois;
四 *sse'*, quatre;
五 *'ou*, cinq;
六 *loŭ*, six;
七 *thsĭ*, sept;
八 *pă*, huit;
九 *'kiéou*, neuf;
十 *chĭ*, dix;
十一 *chĭ-ĭ*, onze;
十二 *chĭ-eul'* douze;
十三 *chĭ-san*, treize;

[1] *Notices on chinese grammar*, part I. by Philo-Sinensis, p. 38.

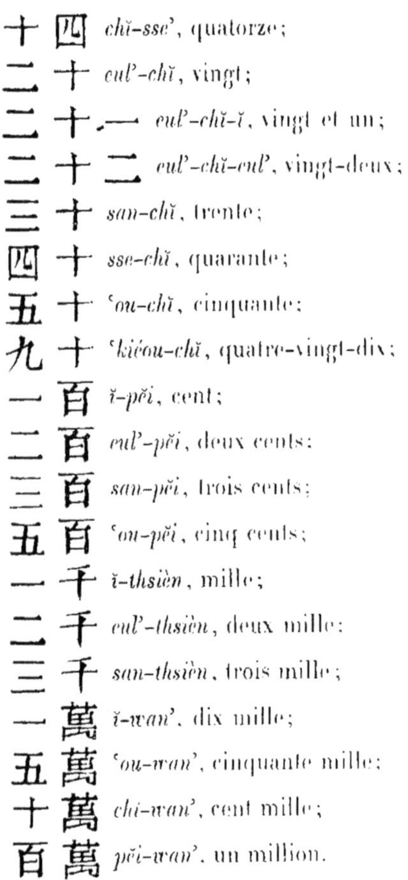

十四 *chĭ-sse'*, quatorze;
二十 *eul'-chĭ*, vingt;
二十一 *eul'-chĭ-ĭ*, vingt et un;
二十二 *eul'-chĭ-eul'*, vingt-deux;
三十 *san-chĭ*, trente;
四十 *sse-chĭ*, quarante;
五十 *‘ou-chĭ*, cinquante;
九十 *‘kiéou-chĭ*, quatre-vingt-dix;
一百 *ĭ-pĕi*, cent;
二百 *eul'-pĕi*, deux cents;
三百 *san-pĕi*, trois cents;
五百 *‘ou-pĕi*, cinq cents;
一千 *ĭ-thsièn*, mille;
二千 *eul'-thsièn*, deux mille;
三千 *san-thsièn*, trois mille;
一萬 *ĭ-wan'*, dix mille;
五萬 *‘ou-wan'*, cinquante mille;
十萬 *chĭ-wan'*, cent mille;
百萬 *pĕi-wan'*, un million.

50. Ces nombres cardinaux restent invariables et ne prennent aucune marque distinctive, quand ils ne se rapportent pas à un substantif. Il y a des caractères numéraux d'une forme plus compliquée, mais compliquée à dessein, pour éviter les altérations frauduleuses 以杜竄改之敝. On nomme ces caractères 官字 *noms de nombre officiels*, et l'on en fait un très-bon usage dans les actes de l'autorité publique 官吏文書用之. Dans le commerce et pour les besoins domestiques, au lieu de compliquer les

caractères, on les abrége. On forme alors des chiffres qu'on appelle, suivant M. Wylie[1], 暗馬 *ngan'-'ma*[2].

51. Dans la langue écrite, quand on exprime un nombre dont on n'entend pas garantir la précision, on y ajoute 餘 *environ* (Abel-Rémusat, *Gram. chin.* § 117) :

二白餘里 *eul'-pĕi-iu-'li*, environ deux cents *li* (dixièmes de lieue).

Dans la langue mandarine, on fait précéder le nombre de la locution prépositive 差不多 *tchha-poŭ-to*, à peu près :

差不多二百里地 *tchha-poŭ-to-eul'-pĕi-'li-ti'*, environ deux cents li.

2. NOMBRES ORDINAUX.

52. Pour marquer l'ordre et le rang, on met devant le nombre cardinal la particule 第 *ti'*; cette particule peut être regardée comme un préfixe :

第一 *ti'-ĭ*, le premier;
第二 *ti'-eul'*, le deuxième;
第三 *ti'-san*, le troisième;
第四 *ti'-sse'*, le quatrième;
第十 *ti'-chĭ*, le dixième;
第十九 *ti'-chĭ-'kiéou*, le dix-neuvième;
第二十 *ti'-eul'-chĭ*, le vingtième;
第一百 *ti'-ĭ-pĕi*, le centième;
第百一 *ti'-pĕi-ĭ*, le cent unième, etc.

[1] Voyez le *Traité d'arithmétique*, composé en chinois par M. Wylie et intitulé *Sou'-hiŏ-'khi-meng*, liv. I, fol. 1 v.

[2] Ce mot provient d'un pays étranger.

53. On omet le préfixe ou la particule ordinale toutes les fois que le nom de la chose nombrée représente une division du temps. Exemple :

咸豐二年 *hièn-foung-eul'-nièn*, la seconde année de la période *hièn-foung* (1852);

道光十九年 *tao'-kouang-chĭ-ʿkiéou-nièn*, la dix-neuvième année de la période *tao-kouang* (1839);

正月 *tcheng-yŭei*, le premier mois;

二月 *eul'-yŭei*, le deuxième mois;

三月 *san-yŭei*, le troisième mois;

四月 *sse'-yŭei*, le quatrième mois;

十二月 *chĭ-eul'-yŭei*, le dixième mois;

初一 *thsou-ĭ*, le premier jour du mois;

初二 *thsou-eul'*, le second jour du mois;

初三 *thsou-san*, le troisième jour du mois;

初十 *thsou-chĭ*, le dixième jour du mois;

十一日 *chĭ-ĭ-jĭ*, le onzième jour du mois;

十二日 *chĭ-eul'-jĭ*, le douzième jour du mois;

二十三日 *eul'-chĭ-san-jĭ*, le vingt-troisième jour du mois;

三十日 *san-chĭ-jĭ*, le trentième jour du mois.

Dans les locutions 初一 le premier jour, 初二 le second jour, etc., jusqu'au dixième jour inclusivement, 初 *thsou* fait l'office d'une particule ordinaire et remplace 第 *ti'*.

54. Les Chinois catholiques, se parlant les uns aux autres, indiquent les jours de la semaine par les locutions suivantes :

瞻禮的主日 *tchèn-ʿli-ti-ʿtchou-jĭ*, dimanche;

瞻禮二 *tchèn-ʿli-eul'*, lundi;

瞻礼三 *tchèn-ʿli-san*, mardi;
瞻礼四 *tchèn-ʿli-sse'*, mercredi;
瞻礼五 *tchèn-ʿli-ʿou*, jeudi;
瞻礼六 *tchèn-ʿli-lŏu*, vendredi;
瞻礼七 *tchèn-ʿli-thsĭ*, samedi.

3. NOMBRES DISTRIBUTIFS.

55. Comme toutes les langues cultivées, le *Wen-fă* ou la langue écrite se compose d'une multitude de langues spéciales, dont chacune a sa nomenclature et sa technologie. Le savant ouvrage de M. A. Wylie[1] montre qu'il existe, en chinois, des mots affectés aux arts, particulièrement au calcul. Nous laisserons à la langue des livres ses expressions techniques et nous n'apporterons ici qu'un certain nombre de locutions familières, au moyen desquelles on exprime les nombres partitifs ou distributifs dans le style de la conversation :

一半 *ĭ-pan'*, la moitié;
一半點鐘 *ĭ-pan'-ʿtièn-tchoung*, une demi-heure;
一點鐘半 *ĭ-ʿtièn-tchoung-pan'*, une heure et demie;
三分有一分 *san-fen-ʿyéou-ĭ-fen*, le tiers;
四分有一分 *sse'-fen-ʿyéou-ĭ-fen*, le quart;
四分有三分 *sse'-fen-ʿyéou-san-fen*, les trois-quarts;
八分有一分 *pă-fen-ʿyéou-ĭ-fen*, un huitième;
十分有六分 *chĭ-fen-ʿyéou-lŏu-fen*, les six dixièmes;
二十分有七分 *eul'-chĭ-fen-ʿyéou-thsĭ-fen*, les sept vingtièmes;

[1] *Le Sou' hio Khi-meng.*

兩天一次 *ˋléang-thièn-ĭ-thseuˋ*, de deux jours l'un;
兩个兩个 *ˋléang-ko'-ˋléang-ko'*, deux à deux, etc.

§. 3. ADJECTIFS DÉMONSTRATIFS.

56. Il y a deux adjectifs démonstratifs dans la langue parlée. On emploie 這个 *tche'-ko'*, pour les personnes et les choses prochaines, et 那个 *na'-ko'*, pour les personnes et les choses éloignées :

這个人 *tche'-ko'-jin*, cet homme-ci;
那个人 *na'-ko'-jin*, cet homme-là;
這些人 *tche'-siè-jin*, ces hommes-ci;
那些人 *na'-siè-jin*, ces hommes-là.

57. Les adjectifs possessifs *mon*, *ma*, *mes*, *notre*, *nos*, *ton*, *ta*, *tes*, etc., se forment d'après la règle des noms attributifs, clairement exposée par M. Abel-Rémusat, en mettant le pronom personnel avant le substantif.

IIIᵉ SECTION.

DES PRONOMS.

58. Les pronoms qui désignent spécialement les trois personnes, sont :

Pour la première personne, 我 *ˋouo*, je ou moi;
Pour la seconde personne, 伱 *ˋni*, tu ou toi;
Pour la troisième personne, 他 *tha*, il, elle ou lui.

59. Le pluriel des pronoms personnels est toujours énoncé dans la langue mandarine : on le forme en ajoutant au pronom

singulier la particule 們 *men*. Cette particule, je le répète, est l'équivalent d'un affixe. Ainsi l'on dit :

我們 *'ouo-men*, nous;
你們 *'ni-men*, vous;
他們 *tha-men*, ils, elles ou eux.

60. Il n'y a d'exception à cette règle que pour le pronom 咱 *'tsa*, nous, qui, dans la conversation, ne s'emploie jamais au singulier. On dit également 咱 *'tsa* ou 咱們 *'tsa-men*, nous.

61. Indépendamment des pronoms personnels *communs*, que l'on trouve dans la langue écrite, tels que 吾 *ou*, 予 *iu*, 爾 *'eul*, 汝 *'jou*, 其 *khi*, 伊 *i*, etc., il existe encore dans cette langue des pronoms *exceptionnels*. Par exemple, depuis Tsin-chi-hoang-ti (212 avant J. C.), « l'Empereur, dit M. Abel-Rémusat, a un pronom qui lui est affecté et dont lui seul peut se servir, pour dire *je*; c'est 朕 *tchin'*. » M. Abel-Rémusat aurait pu ajouter qu'un auteur, quand il se désigne lui-même, a, comme le souverain, son pronom particulier: c'est 余 *iu*; à peu près aussi comme, en Europe, dans un écrit qui est l'ouvrage d'un seul homme, l'auteur, en parlant de lui-même, se croit obligé de dire *nous*. Tous ces pronoms, communs ou exceptionnels, n'existent pas dans la langue mandarine.

62. Une singularité plus remarquable, c'est l'existence d'un pronom qui ne s'écrit pas, du moins entièrement, et qui est pourtant d'un usage constant, perpétuel. La politesse veut que, dans notre langue, on dise *vous* au lieu de *tu*, quand on adresse la parole à quelqu'un. En Konan-hoa', le tutoiement, même d'égal à égal, semble contraire aux bien-

séances. On n'emploie le pronom, à la seconde personne du singulier, qu'en parlant aux domestiques ou lorsqu'on s'abandonne à la colère, lorsqu'on veut montrer de l'audace, témoigner du mépris, etc. ; mais, dans une situation ordinaire il faut dire *ni-na*, comme nous disons *vous*. *Ni-na* est un mot composé de deux syllabes, dont la seconde ne répond à aucun caractère et qu'on écrit comme on veut[1].

63. 自已 *tseu'-ʿki*, mis après les pronoms personnels, répond à notre adjectif *même* : 我自己 *ʿouo-tseu'-ʿki*, moi-même; 徐自已 *ʿni-tseu'-ʿki*, toi-même; 我們自已 *ʿouo-men-tseu'-ʿki*, nous-mêmes, etc. Pour la troisième personne, il y a, comme en français, deux sortes de pronoms, l'un direct et l'autre réfléchi. Le pronom direct est 他自己 *tha-tseu'-ʿki*, lui-même ou elle-même, au singulier; 他們自已 *tha-men-tseu'-ʿki*, eux-mêmes ou elles-mêmes, au pluriel. Le pronom réfléchi est 自家 *tseu'-kia*, soi ou soi-même.

64. Les pronoms démonstratifs se confondent avec les adjectifs démonstratifs. 這个 *tchè'-ko'*, adjectif démonstratif des personnes ou des choses prochaines et 那个 *na'-ko'*, adjectif démonstratif des personnes ou des choses éloignées, deviennent des pronoms démonstratifs, quand on les emploie seuls, c'est-à-dire quand ils ne sont pas suivis d'un substantif. Alors 這个 *tchè'-ko'* signifie celui-ci et 那个 *na'-ko'*, celui-là.

65. Quant aux pronoms possessifs, ils ne se distinguent pas davantage des adjectifs qui marquent la possession.

[1] Gonçalvès emploie le caractère 納, dans l'*Arte china* et la *Grammatica sinica*; l'auteur chinois du *Tcheng-in-thsò-yao* adopte le caractère 儜. J'ai suivi le P. Gonçalvès.

Toutes les fois qu'un pronom personnel, *suivi de la particule* 的 *tĭ*, est employé seul, ce pronom change de nature et peut être assimilé à un pronom possessif. On dit :

我的 *'ouo-tĭ*, le mien, la mienne, les miens, les miennes;
伱的 *'ni-tĭ*, le tien, la tienne, etc.
他的 *tha-tĭ*, le sien, la sienne, etc.
我們的 *'ouo-men-tĭ*, le nôtre, la nôtre, les nôtres;
伱們的 *'ni-men-tĭ*, le vôtre, la vôtre, les vôtres;
他們的 *tha-men-tĭ*, le leur, la leur, les leurs.

66. Les pronoms relatifs *qui*, *que*, *dont*, s'expriment, dans la langue mandarine, par 的 *tĭ*. Quelquefois on emploie 所 *'so* et 的 *tĭ* dans la même phrase; mais ces deux pronoms conjonctifs ou ces deux monosyllabes ne s'agrégent point. Loin de là, le premier, c'est-à-dire 所 *'so*, se place toujours avant le verbe, et le second, c'est-à-dire 的 *tĭ*, se place toujours après le verbe.

67. La syntaxe indiquera les équivalents chinois des pronoms indéfinis : *on*, *quiconque*, *quelqu'un*, *chacun*, *autrui*, *l'un et l'autre*, *l'un l'autre*, *personne*.

IVe SECTION.

DES VERBES.

§ 1. VERBES SIMPLES.

1° DU VERBE SUBSTANTIF.

68. Il y a, dans la langue orale, un monosyllabe qui exprime l'affirmation, sans exprimer en même temps un

attribut quelconque. Ce monosyllabe est le verbe substantif 是 *chi'*, être.

Nous savons bien que l'on range les monosyllabes 爲 *weï*, 有 *'yéou* et 在 *tsaï'*, dans la classe des verbes substantifs; mais c'est à tort suivant nous, car, d'après les judicieuses remarques de M. Abel-Rémusat (*Gram. chin.* § 153, 154 et 155), 爲 *weï*, qui peut se rendre par *être*, emporte l'idée d'une action et signifie proprement *faire;* 有 *'yéou* exprime l'idée de l'existence, mais rapportée à un sujet et avec détermination d'un attribut; 在 *tsaï'*, être dans, implique la localité.

Le verbe substantif des Chinois, qui n'en ont qu'un, est donc 是 *chi'*. Il contient l'affirmation, il ne contient pas l'attribut; il n'exprime ni une action, ni une manière d'être.

2° DES VERBES AUXILIAIRES.

69. Ils ont deux origines et doivent se partager en deux catégories très-distinctes :

Les verbes auxiliaires de la première catégorie ressemblent parfaitement aux nôtres, servent, comme les nôtres, à *conjuguer*, à former les temps simples et composés des autres verbes, le passé, le futur; à exprimer certains modes, certaines formes, l'impératif, le prohibitif, etc. Ce sont :

有 *'yéou*;	要 *yao'*;
了 *'léao*;	肯 *'kheng*;
過 *kouo'*;	罷 *pa'*;
完 *wan*;	着 *tchŏ*;
能 *neng*;	別 *pieï*.

Les verbes auxiliaires de la seconde catégorie, joints à d'autres verbes, forment les verbes composés de la première classe, quelquefois des idiotismes ou des expressions verbales particulières à la langue. Ces verbes sont :

可 *ˁkho;*	把 *ˁpa;*
得 *tĕe;*	叫 *kiaoˀ;*
去 *khiuˀ;*	請 *ˁthsing;*
來 *laï;*	敢 *ˁkan;*
入 *joŭ;*	給 *kĭ;*
出 *tchhŏu.*	待 *taïˀ;*
打 *ˁta;*	讓 *jang, etc.*

Nous reviendrons sur les verbes auxiliaires.

§ 2. VERBES COMPOSÉS.

70. Les verbes sont généralement formés de la réunion de deux monosyllabes qui s'agrégent.

71. Un verbe chinois peut être composé de trois manières différentes :

1° De deux monosyllabes exprimés par deux caractères, dont le premier est un verbe attributif et le second un verbe auxiliaire;

2° De deux monosyllabes ou de deux verbes radicaux exprimés par deux caractères;

3° De deux monosyllabes exprimés par deux caractères, dont le premier est un verbe actif et le second un substantif, complément de ce verbe.

72. Il y a donc trois classes de verbes, comme il y a sept classes de substantifs. (Conf. 16.)

1re CLASSE.

Verbes composés de deux monosyllabes exprimés par deux caractères, dont le premier est un verbe attributif et le second un verbe auxiliaire.

73. Les verbes auxiliaires, qui se mettent après le verbe

attributif, font, dans beaucoup de cas, l'office des particules anglaises *out*, *in*, *up*, *down*. Le complément s'interpose entre le verbe principal et le verbe accessoire, comme dans la langue anglaise entre le verbe et la particule :

進來 *tsin'-laï*, entrer (to get in);
出去 *tchhŏu-khiu'*, sortir (to get out);
斟入 *tchin-joŭ*, verser (to pour in);
斟出 *tchin-tchhŏu*, répandre (to pour out);
拿來 *na-laï*, apporter;
拿去 *na-khiu'*, emporter;
借來 *tsieï'-laï*, emprunter;
借去 *tsieï'-khiu'*, prêter;
買來 *'maè-laï*, acheter;
賣去 *maï'-khiu'*, vendre;
過去 *kouo'-khiu'*, passer outre;
回去 *hoeï-khiu'*, s'en retourner;
飛去 *feï-khiu'*, prendre la fuite, etc.

74. Quelquefois le verbe auxiliaire n'ajoute rien au sens du verbe principal.

懂得 *'toung-tĕe*, comprendre;
認得 *jin'-tĕe*, connaître;
記得 *ki'-tĕe*, se souvenir;
曉得 *'hiao-tĕe*, savoir, etc.

2e CLASSE.

Verbes composés de deux monosyllabes ou de deux verbes radicaux, exprimés par deux caractères.

75. Étymologiquement, les verbes formés de la réunion

de deux termes synonymes ou antithétiques, ne diffèrent point des substantifs composés de la quatrième classe (25); ceux-ci peuvent être pris, soit comme adjectifs, soit comme verbes. Dans la langue écrite, on voit un caractère jouer alternativement le rôle d'un substantif, d'un adjectif ou d'un verbe: mais, par un progrès naturel, les langues changent peu à peu de caractère. S'il existe encore dans le Kouan-hoa' des substantifs verbaux, on y trouve néanmoins une foule de mots composés, qui sont toujours des verbes, c'est-à-dire qui ont par eux-mêmes et ne peuvent avoir que la signification verbale :

知道 *tchi-tao'*, savoir;
告訴 *kao'-sou'*, dire, avertir;
看見 *khan'-kièn'*, voir;
拜望 *paï'-wang'*, faire une visite;
睡覺 *choui'-kiao'*, dormir;
喜歡 *'hi-hoan*, aimer;
恐怕 *'khoung-pha'*, craindre;
報答 *pao'-tă*, récompenser;
疑惑 *i'-hŏè*, douter;
答應 *tă-ing*, répondre;
來到 *laï-tao*, arriver;
臨近 *lin-kin'*, approcher de;
乾淨 *kan-tsing'*, nettoyer;
敗壞 *paï'-hoaï'*, détruire;
分開 *fen-khaï*, diviser;
長大 *tchang-ta'*, grandir;
倚靠 *'i-khao'*, compter sur, etc.

3e CLASSE.

Verbes composés de deux monosyllabes exprimés par deux caractères, dont le premier est un verbe actif et le second un substantif, complément de ce verbe.

76. On éprouvera d'abord, nous l'avons dit dans notre Mémoire, quelque peine à regarder comme des composés les mots chinois formés de la réunion d'un verbe et d'un substantif ou d'un verbe et de son complément. Toutefois, si l'on ne perd pas de vue le principe que nous avons établi, à savoir : qu'un monosyllabe chinois, isolément articulé, prononcé comme on voudra et de quelque manière qu'on le prononce, n'excite d'ordinaire aucun sens dans l'esprit, on reconnaîtra que, dans les locutions chinoises dont nous allons parler, le verbe *élémentaire et radical* et le substantif *élémentaire et radical* sont aussi étroitement associés, aussi étroitement unis que le verbe et le nom dans nos mots composés, un *brise-raison*, un *casse-tête*, un *couvre-feu*, un *garde-magasin*, un *porte-étendard* et un *souffre-douleur*.

Quand un monosyllabe chinois, pris dans un sens verbal, n'est pas joint à un autre monosyllabe synonyme, pris également dans un sens verbal, ou à un verbe auxiliaire, il arrive presque toujours que ce monosyllabe, détaché de son complément, n'excite aucun sens, sinon dans l'esprit de celui qui parle, au moins dans l'esprit de celui qui écoute. A la Chine, il faut dire : *lire un livre*, pour lire; *écrire des caractères*, pour écrire; *manger du riz*, pour manger; *tuer un homme*, pour tuer; *exhorter un homme*, pour exhorter; *pardonner une faute*, pour pardonner; *obéir à un ordre*, pour obéir, etc.

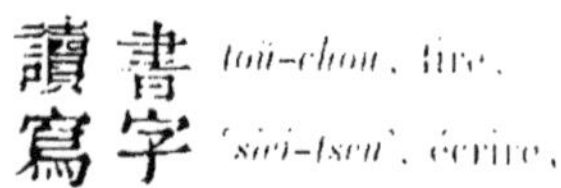

讀書 *toŭ-chou*, lire.
寫字 *'sièi-tseu`*, écrire.

念書 *nièn-chou*, étudier, réciter;
說書 *choüe-chou*, raconter des histoires;
說話 *choüe-hoa'*, parler;
吃飯 *tchi-fan'*, manger;
吃早飯 *tchĭ-'tsao-fan'*, déjeuner;
賭錢 *tou-thsièn*, jouer (de l'argent);
殺人 *chă-jin*, tuer;
勸人 *khiouèn-jin*, exhorter;
騙人 *phièn'-jin*, tromper;
從命 *tsoung-ming'*
聽命 *thing'-ming'* } obéir;
說謊 *choüe-'hoang*, mentir;
得罪 *tĕe-tsoui'*, offenser (quelqu'un);
赦罪 *che'-tsoui'*, pardonner;
中意 *tchoung'-i'*, plaire;
起頭 *'khi-theou*, commencer;
走路 *'tseou-lou'*, marcher;
問好 *wen'-'hao*, présenter ses civilités, etc.

VOIX DES VERBES.

77. On ne peut pas distinguer, dans les verbes du Kouan-hoa', une voix active et une voix passive. Comme le substantif, le verbe chinois, simple ou composé, actif ou passif, reste inaltérable dans sa forme et n'admet aucune inflexion. On reconnaît mécaniquement qu'un verbe est passif toutes les fois qu'il est précédé de la préposition 被 *pi'*, qui signifie par. Cette préposition seule est la marque du passif.

TEMPS.

78. Nous avons vu tout à l'heure que les verbes auxi-

liaires de la première catégorie servent à former les temps des autres verbes (conf. 69). Puisqu'il existe dans la langue deux sortes de mots, les mots simples et les mots composés, on doit reconnaître qu'il y a deux sortes de temps, les temps *simples* et les temps *composés*.

79. Nous nommons temps *simples* ceux qui n'empruntent qu'un verbe auxiliaire de la première catégorie, comme 了 *'léao*, 過 *kouo'*, 要 *yao'*.

80. Nous nommons temps *composés* ceux dans la composition desquels il entre deux verbes auxiliaires, comme 有 *'yéou* et 過 *kouo'*, 完 *wan* et 了 *'léao*; ou un adverbe de temps et un verbe auxiliaire comme 已經 *'i-king* et 過 *kouo'*.

81. Le présent n'a besoin d'être exprimé par aucun signe: on le marque, quand cela est nécessaire, par un adverbe de temps, comme 如今 *jou-kin*, maintenant; 現今 *hièn-kin*, 現時 *hièn'-chi* et 現在 *hièn'-tsaï'*, actuellement, exemple : 我如今學 *'ouo-jou-kin-hio*, j'étudie.

82. L'adverbe 那時 *na'-chi*, alors, en ce temps-là, placé avant le verbe, marque l'imparfait; exemple : 那時我學 *na'-chi-'ouo-hio*, j'étudiais.

83. Il y a dans le temps passé plusieurs nuances qui sont exprimées, en chinois, par des adverbes et des verbes auxiliaires. Ces sortes d'expressions répondent à nos *parfaits* et à nos *plus-que-parfaits*.

84. Pour marquer le *parfait*, on se sert des verbes auxiliaires 過 *kouo'*, *transire*; 了 *'léao*, *perficere*; 完了 *wan-'léao*, *finire*. Ces verbes auxiliaires se placent après le verbe principal, exemple : 我學過 *'ouo-hio-kouo'*, 我學了 *'ouo-hio-'léao*, 我學完了 *'ouo-hio-wan-'léao*, j'ai étudié.

85. Quand la phrase est négative, indépendamment de

la marque ordinaire du prétérit 過 *kouo'*, on place avant le verbe principal, exactement comme en français, le verbe auxiliaire 有 *'yéou*, avoir; exemple : 沒有學過 *moŭ-'yéou-hio-kouo'*, je n'ai pas étudié.

86. Les adverbes de temps 已經 *'i-king*, déjà, et 從前 *thsoung-thsièn*, autrefois, placés immédiatement avant un verbe au *parfait*, marquent le *plus-que-parfait*. Exemples : 我已經學過 *'ouo-'i-king-hïo-kouo'*, 我從前學過 *'ouo-thsoung-thsièn-hïo-kouo'*, j'avais étudié.

Au sens négatif, il faut dire : 已經沒有學過 *i-king-moŭ-'yéou-hïo-kouo'*, je n'avais pas étudié.

87. On se sert presque toujours, pour exprimer le futur, des adverbes de temps 將來 *tsiang-laï*, dans la suite; 後來 *heou'-laï*, ensuite; ou bien du verbe auxiliaire 要 *yao'*, *velle*, que l'on place, comme les adverbes, avant le verbe principal. Exemples : 將來我學 *tsiang-laï-'ouo-hïo*, 後來我學 *heou'-laï-'ouo-hïo*, 我要學 *'ouo-yao'-hïo*, j'étudierai.

Au sens négatif, on dit : 將來我不能學 *tsiang-laï-'ouo-poŭ-neng-hïo*, 後來我不要學 *heou-laï-'ouo-pou-yao'-hïo*, je n'étudierai pas.

MODES.

88. Il n'y a pas de signes pour les modes.

89. L'impératif, à la deuxième personne, s'exprime en mettant après le verbe principal le verbe auxiliaire 罷 *pa'*, *cessare*. Exemple : 你學罷 *'ni-hïo-pa'*, étudie; à la troisième persomne, l'impératif s'exprime en interposant, entre le pronom et le verbe principal, la locution 要定 *yao'-ting'*. Exemple : 他要定學 *tha-yao'-ting'-hïo*, qu'il étudie.

90. Les locutions 巴不得 *pa-pou-tee*, ou 恨不得 *hèn'-pou-tēe*, qui répondent à *utinam*, que ne puis-je, etc., indiquent l'optatif. Exemples: 巴不得我學 *pa-pou-tēe-'ouo-hio*, 恨不得我學 *hèn'-pou-tee-'ouo-hio*, que ne puis-je étudier!

91. Le prohibitif s'exprime, dans le dialecte de Péking, par le verbe auxiliaire 別 *piei*, *cave ne*, que l'on place avant le verbe principal. Exemples: 別學 *piei-hio*, n'étudiez pas.

92. Si l'on ne rencontre point dans les livres les *équivalents des formes auxquelles on est accoutumé* en Europe, on les trouve, jusqu'à un certain point, dans le langage: cela ne laisse aucun doute. On peut donc offrir à ceux qui veulent parler le chinois le paradigme d'une *conjugaison* comme on a offert le paradigme d'une *déclinaison*.

CONJUGAISON DU VERBE SIMPLE 學 *HIO*, ÉTUDIER.

PRÉSENT.

我如今學 *'ouo-jou-kin-hio*, j'étudie;
你如今學 *'ni-jou-kin-hio*, tu étudies;
他如今學 *tha-jou-kin-hio*, il étudie;
我們如今學 *'ouo-men-jou-kin-hio*, nous étudions;
你們如今學 *'ni-men-jou-kin-hiŏ*, vous étudiez;
他們如今學 *tha-men-jou-kin-hiŏ*, ils étudient.

IMPARFAIT.

那時我學 *na'-chi-'ouo-hio*, j'étudiais;
那時你學 *na'-chi-'ni-hio*, tu étudiais, etc.

PARFAIT.

Au sens affirmatif.

我學過 *'ouo-hio-kouo'*, j'ai étudié;

我學了 *ʿouo-hĭo-ʿléao*	j'ai étudié.
我學完了 *ʿouo-hĭo-wan-ʿléao*	

Au sens négatif.

沒有學過 *mŏu-ʿyéou-hĭo-kouoʾ*, je n'ai pas étudié.

PLUS-QUE-PARFAIT.

Au sens affirmatif.

我已經學過 *ʿouo-ʿi-king-hĭo-kouoʾ*	j'avais étudié.
我從前學過 *ʿouo-thsoung-thsién-hĭo-kouoʾ*	

Au sens négatif.

已經沒有學過 *ʿi-king-mŏu-ʿyéou-hĭo-kouoʾ*, je n'avais pas étudié.

FUTUR.

Au sens affirmatif.

將來我學 *tsiang-laï-ʿouo-hĭo*	j'étudierai.
後來我學 *heouʾ-laï-ʿouo-hĭo*	
我要學 *ʿouo-yaoʾ-hĭo*	

Au sens négatif.

將來我不能學 *tsiang-laï-ʿouo-pou-neng-hĭo*, je n'étudierai pas.

IMPÉRATIF.

你學罷 *ʿni-hĭo-paʾ*, étudie;
他要定學 *tha-yaoʾ-tingʾ-hĭo*, qu'il étudie.

OPTATIF.

巴不得我學 *pa-poŭ-tĕe-ʿouo-hĭo*	que ne puis-je étudier!
恨不得我學 *hènʾ-poŭ-tĕe-ʿouo-hĭo*	

PROHIBITIF.

別學 *pei-hĭo*, n'étudiez pas.

PARTICIPE.

Présent.

學着 *hio-tchŏ*, étudiant.

Passé.

學的 *hio-tĭ*, étudié.

V^E SECTION.

DES ADVERBES.

93. Il existe, dans la langue mandarine, quelques *adverbes simples* et un grand nombre *d'adverbes composés* ou de locutions adverbiales, dont on fait un usage très-fréquent.

94. L'adverbe simple a toujours, par lui-même, le sens adverbial, comme 已 *'i*, déjà; 前 *thsièn*, avant; 後 *heou'*, après; 總 *tsoung*, en général, etc. L'adverbe composé n'est qu'un assemblage de mots faisant l'office d'un adverbe, à peu près comme nos locutions adverbiales: *à la fin*, *à present*, *tour à tour*, *tout à coup*, etc.

95. On a mis au rang des adverbes les mots composés formés de l'agrégation de deux, trois ou quatre monosyllabes élémentaires ou radicaux, lorsque ces mots composés indiquent une interrogation ou servent à marquer une circonstance de temps, de lieu, de manière, etc. C'est ainsi qu'on a fait, de la locution adverbiale 差不多 *tchha-pou-to*, un adverbe de manière, signifiant *à peu près*, et de la phrase adverbiale 過了四天 *kouo'-'léao-ssé'-thièn*, un adverbe de temps signifiant *dans quatre jours*.

Nous examinerons successivement les principales circonstances et les modifications principales exprimées par l'adverbe chinois.

1. ADVERBES DE LIEU.

96. Beaucoup d'adverbes de lieu sont composés d'une préposition, suivie d'un adjectif déterminatif et d'un substantif, c'est-à-dire d'une préposition suivie de son complément; mais on fait souvent l'ellipse de la préposition. D'autres adverbes sont composés d'un substantif et d'une postposition; quelques-uns sont formés par la répétition d'un substantif indiquant un lieu, etc.

97. Les circonstances de lieu les plus ordinaires sont exprimées par les adverbes suivants :

那裏 *ʿna-ʿli* }
什么地方 *chĭ-ʿmo-tiʾ-fang* } où?
這裏 *tcheʾ-ʿli*, ici;
那裏 *naʾ-ʿli*, là;
從那裏 *thsoung-ʿna-ʿli*, par où;
從這裏 *thsoung-tcheʾ-ʿli*, par ici (où je suis);
從那裏 *thsoung-naʾ-ʿli*, par là (où vous êtes);
處處 *ʿtchhou-ʿtchhou*, partout;
裏面 *ʿli-miènʾ* }
裏頭 *ʿli-theou* } dedans;
外面 *waïʾ-miènʾ* }
外頭 *waïʾ-theou* } dehors;
前面 *thsièn-mièn*ʾ, devant;
後面 *heouʾ-mièn*ʾ, derrière;
向上 *hiangʾ-changʾ*, en haut (*upwards*);
向下 *hiangʾ-hiaʾ*, en bas (*downwards*);
樓上 *leou-changʾ*, en haut (*up-stairs*);

樓下 *leou-hia'*, en bas (*down-stairs*);
中間 *tchoung-kièn*, dans le milieu, etc.

98. Les adverbes de lieu exprimés dans la langue mandarine par un seul caractère sont 此 *'thseu*, ici et 遠 *'youèn*, loin.

2. ADVERBES DE TEMPS.

99. A l'exemple de Gutzlaff et de M. Edkins, nous avons rangé dans la classe des adverbes de temps un très-grand nombre de locutions adverbiales. Afin de reconnaître les divers procédés d'après lesquels on a formé ces locutions ou ces mots composés, on devra nécessairement recourir au vocabulaire. Nous ne donnerons ici que le sens des composés.

Les adverbes de temps les plus communs sont :

什么時候 *chi-'mo-chi-heou'*, quand?
今天 *kin-thièn*, 今日 *kin-jĭ* } aujourd'hui;
昨天 *tsŏ-thièn*, 昨日 *tsŏ-jĭ* } hier;
前日 *thsièn-jĭ*, avant-hier;
前二天 *thsièn-eul'-thièn*, il y a deux jours;
前幾天 *thsièn-'ki-thièn*, il y a quelques jours;
明天 *ming-thièn*, demain;
後天 *heou'-thièn*, après-demain;
第二日 *ti'-eul'-jĭ*, le lendemain;
大後天 *ta'-heou'-thièn*, dans deux jours;
過了四天 *kouo'-'leao-sse'-thièn*, dans quatre jours;
今年 *kin-nièn*, cette année;

本月 *ʿpen-yŭei*, ce mois-ci;
去年 *khiu'-nièn*, l'année dernière;
先月 *sièn-yŭei*, le mois dernier;
明年 *ming-nièn*, l'année prochaine;
下月 *hia'-yŭei*, le mois prochain;
方纔 *fang-thsaï*, tout à l'heure (*just now*);
忽然 *hŏu-jèn*, subitement;
如今 *jou-kin*, maintenant;

現今 *hièn'-kin*
現時 *hièn'-chi*
現在 *hièn'-tsaï'*
} à présent;

立刻 *lĭ-khĕ*, immédiatement;
已經 *ʿi-king*, déjà;
後來 *heou'-laï*, ensuite;
不多時候 *pŏu-to-chi-heou'*, à quelque temps de là;
近日 *kin'-jĭ*, dernièrement;
好久 *ʿhao-ʿkieou*, longtemps;
好久了 *ʿhao-ʿkieou-ʿleao*, depuis longtemps;
從前 *thsoung-thsièn*, autrefois;

總沒 *ʿtsoung-moû*
總不 *ʿtsoung-pou*
} jamais;

總有 *ʿtsoung-ʿyeou*, toujours;
將來 *tsiang-laï*, dans la suite (*postea*);
天天 *thiēn-thiēn*, tous les jours (*quotidie*);
白日間 *pĕ-jĭ-kiēn*, pendant le jour (*interdiu*);
有幾次 *ʿyeou-ʿki-thseu'*, quelquefois;
頭一次 *theou-i-thseu'*, la première fois.

3. ADVERBES DE MANIÈRE.

100. Dans la langue écrite, les adverbes de manière se terminent en *jèn*, comme les adverbes français en *ment* et les adverbes allemands en *lich*. On y forme à volonté des adverbes, en ajoutant aux adjectifs ou aux verbes la particule 然 *jèn*, qui signifie *ainsi*. Dans la langue parlée, les adverbes de manière sont formés par la répétition d'un mot qui, écrit une fois seulement, aurait une signification adjective. Exemples :

慢慢的 *man'-man'-ti*, tout doucement;
漸漸的 *'tsièn-'tsièn-ti*, insensiblement;
單單的 *tan-tan-ti*, uniquement;
常常的 *tchhang-tchhang-ti*, continuellement;
快快的 *khouaï'-khouaï'-ti*, promptement;
重重的 *tchoung-tchoung-ti*, gravement.

101. D'autres adverbes de manière sont formés par la répétition de deux adjectifs, avec ou sans la particule 的.

從從容容 *thsoung-thsoung-young-young*, lentement;
停停當當 *thing-thing-tang'-tang'*, comme il faut;
歡歡喜喜 *houan-houan-'hi-'hi*, gaiement;
顛顛倒倒 *tièn-tièn-tao'-tao'*, sens dessus dessous;
淸淸楚楚 *thsing-thsing-'thsou-'thsou*, clairement, correctement;
平平安安 *phing-phing-ngan-ngan*, agréablement (*comfortably*);
醉醉飽飽 *tsouï'-tsouï'-'pao-'pao*, copieusement (en parlant du boire et du manger);
恭恭敬敬 *koung-koung-king'-king'*, respectueusement;

齊齊整整 *ˊtsi-ˊtsi-ˊtcheng-ˊtcheng*, pompeusement;
委委曲曲 *ˊwei-ˊwei-khiŏu-khiŏu*, subtilement.

102. Les adjectifs numéraux 一 *ĭ*, un et 兩 *ˊléang*, deux, s'agrégent avec certains mots pour former des adverbes.

一直的 *ĭ-tchĭ-tĭ*, tout droit;
一齊 *ĭ-thsî'*, ensemble;
一樣 *ĭ-yang'*, de même, tout de même;
兩樣 *ˊléang-yang'*, diversement;
頭一件 *theou-ĭ-kièn'*, premièrement;
一定 *ĭ-ting'*, certainement.

ONOMATOPÉES.

103. Beaucoup d'adverbes onomatopées sont formés d'un monosyllabe redoublé ou de deux monosyllabes.

唧唧呱呱 *tsĭ-tsĭ-oua-oua* (voix de plusieurs personnes qui parlent);
唧唧 *tsĭ-tsĭ* (bruit de la navette du tisserand);
喜喜 *ˊhi-ˊhi* (imitation du bruit que l'on fait en riant);
喜喜哈哈 *ˊhi-ˊhi-ha-ha*, (*idem*);
咯當咯當 *kŏ-tang-kŏ-tang* (bruit que fait le balancier d'une horloge;
哀哀 *'aï-'aï* (imitation du gémissement);
必必剝剝 *pĭ-pĭ-pŏ-pŏ* (bruit que fait la flamme en pétillant);
悉索 *sĭ-sŏ* (qui frôle, qui fait frou-frou), etc.

104. Les onomatopées, très-communes et très-fréquentes dans le langage familier, varient suivant les dialectes

105. La recherche de l'expression imitative, comme nous l'avons dit ailleurs, est plus sensible dans la langue mandarine que dans nos langues européennes. On découvre dans le chinois vulgaire l'analogie de certains sons avec certaines idées. Les sons vocaux *khang*, *khèng*, *khing* sont consacrés aux mots qui représentent la lutte, la violence, le combat, le meurtre; les sons vocaux *jou*, *jouèn*, *jouen*, *nouèn*, *nouen*, *no*, sont particulièrement adaptés aux mots qui expriment la douceur, la tendresse, la mollesse, la délicatesse, la finesse, la souplesse, la faiblesse, l'indulgence, la patience, etc.[1].

4. ADVERBES DE QUANTITÉ.

106. Les principaux adverbes de quantité sont les suivants :

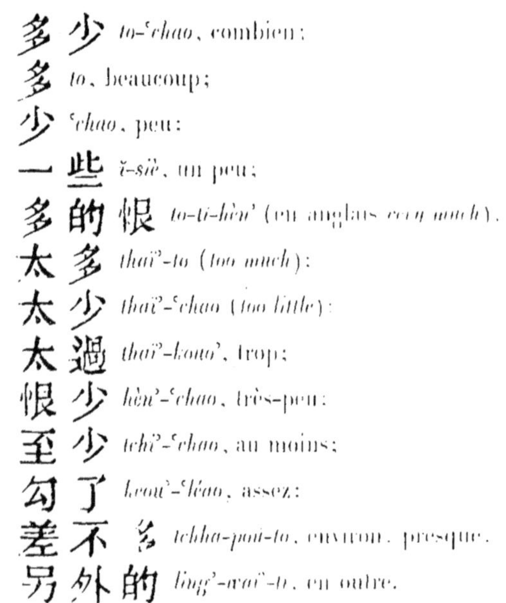

多少 *to-ˋchao*, combien;
多 *to*, beaucoup;
少 *ˋchao*, peu;
一些 *ĭ-siè*, un peu;
多的恨 *to-ti-hèn'* (en anglais *very much*).
太多 *thaï'-to* (*too much*);
太少 *thaï'-ˋchao* (*too little*);
太過 *thaï'-kouo'*, trop;
恨少 *hèn'-ˋchao*, très-peu;
至少 *tchi'-ˋchao*, au moins;
勾了 *keou'-ˋléao*, assez;
差不多 *tchha-pou-to*, environ, presque.
另外的 *ling'-waï'-ti*, en outre.

[1] *Mémoire sur les principes généraux du chinois vulgaire*, p. 83.

5. ADVERBES D'INTERROGATION.

107. Dans le langage familier, l'adverbe interrogatif proprement dit est 么 *'mo*, qui se place à la fin de la phrase.

108. 么 *'mo*, comme le remarquent tous les grammairiens, peut être précédé de l'un de ces trois mots 甚 *chin'*, 什 *chi*, 怎 *'tsèn*; mais, dit M. Abel-Rémusat, l'expression composée qui en résulte, au lieu de se mettre à la fin, se place au commencement de la phrase, ou immédiatement avant le mot sur lequel porte l'interrogation. Il y a pourtant des exceptions; la syntaxe les indiquera.

109. 難道 *nan-tao'*, locution adverbiale, que l'on trouve à chaque page dans les romans, dans le dialogue des pièces de théâtre, se place quelquefois au commencement des phrases, pour marquer l'interrogation.

6. ADVERBES D'AFFIRMATION, DE NÉGATION, DE DOUTE.

是 *chi'*, oui;
是是 *chi'-chi'*, oui, oui;
果然 *'kouo-jèn*, assurément;
一定 *ĭ ting'*, certainement;
不是 *poŭ-chi'*, non;
不是不是 *poŭ-chi'-poŭ-chi'*, non, non;
或者 *hoe-'tche* } peut-être.
或然 *hoe-jèn* }

VI^E SECTION.

DES PRÉPOSITIONS ET DES POSTPOSITIONS.

110. Dans la langue mandarine, les rapports qui existent entre les mots sont exprimés :

1° Par des prépositions;

2° Par des postpositions;

3° Par des locutions prépositives.

111. Les particules que nous appelons dans cette grammaire *prépositions* ou *postpositions* n'ont par elles-mêmes qu'un sens incomplet, ou, comme disent les Chinois, ces particules sont des *mots vides*, 虛字 *hiu-tseu'*; elles exigent un complément.

112. Quand une particule unit deux idées et en marque le rapport, on distingue facilement que cette particule est une préposition ou une postposition :

Une préposition, en ce qu'elle est suivie de son complément, c'est-à-dire d'un nom ou d'un pronom;

Une postposition, en ce qu'elle est précédée de son complément, c'est-à-dire d'un nom ou d'un pronom.

113. Les locutions prépositives ont le même caractère que les prépositions.

114. Voici la liste des prépositions, des postpositions et des locutions prépositives les plus usitées :

PRÉPOSITIONS.

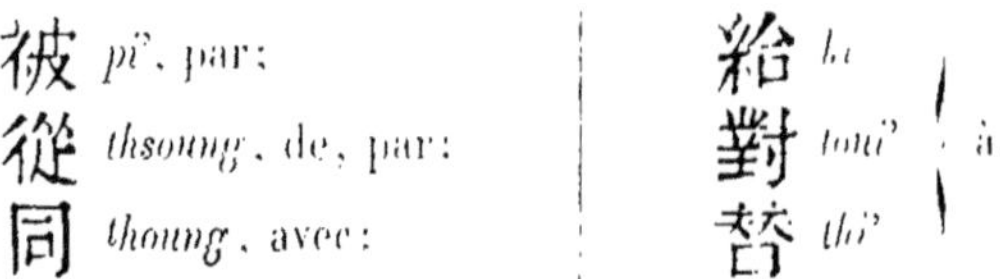

被 *pí'*, par;
從 *thsoung*, de, par;
同 *thoung*, avec;

給 *ki*
對 *toui'* } à;
替 *thi'*

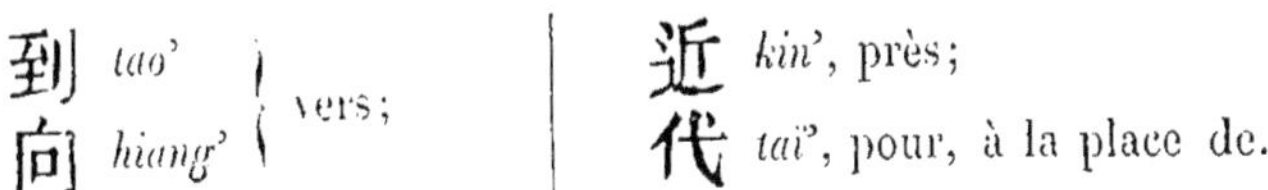

到 *tao'* / 向 *hiang'*	vers;	近 *kin'*, près; 代 *taï'*, pour, à la place de.

POSTPOSITIONS.

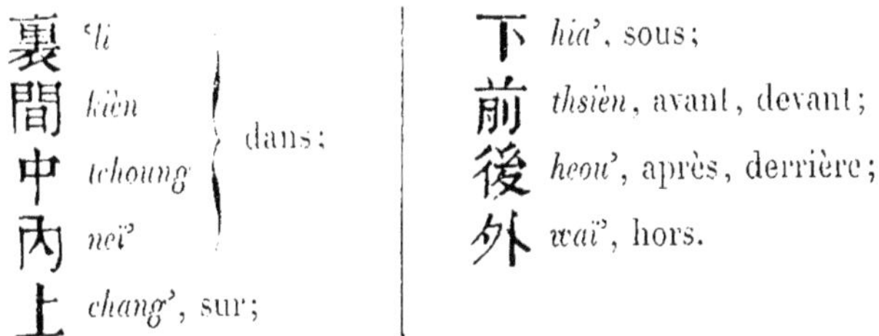

裏 *'li* / 間 *kièn* / 中 *tchoung* / 內 *neï'* — dans;	下 *hia'*, sous;
上 *chang'*, sur;	前 *thsièn*, avant, devant;
	後 *heou'*, après, derrière;
	外 *waï'*, hors.

LOCUTIONS PRÉPOSITIVES.

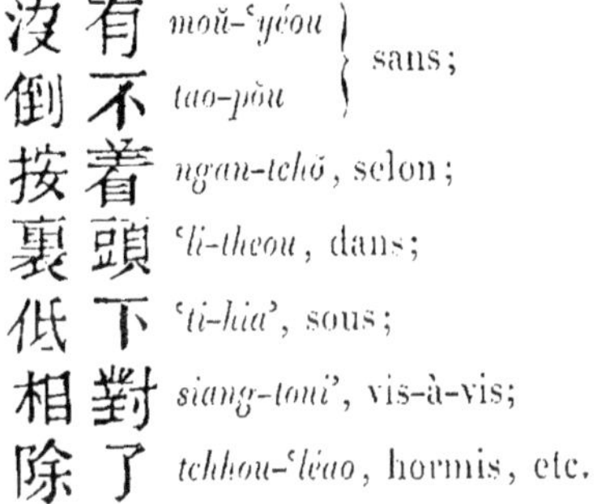

沒有 *moŭ-'yéou* / 倒不 *tao-poŭ* — sans;
按着 *ngan-tchŏ*, selon;
裏頭 *'li-theou*, dans;
低下 *'ti-hia'*, sous;
相對 *siang-toui'*, vis-à-vis;
除了 *tchhou-'léao*, hormis, etc.

VIIe SECTION.

DES CONJONCTIONS.

115. A l'exception des copulatives et des circonstancielles, toutes les conjonctions, toutes les locutions conjonctives qui servent, dans notre langue, à lier un membre de phrase à un autre membre de phrase, se retrouvent dans la langue mandarine ou dans la langue chinoise parlée. Voici la liste

des conjonctions et des locutions conjonctives les plus usitées :

1. DISJONCTIVES ET ALTERNATIVES.

或 *hŏe*, ou;
或是 *hŏe-chi'* } ou bien, soit que.
還是 *hoan-chi'* }

2. ADVERSATIVES.

但 *tan'* } mais;
到低 *tao'-ti* }
倒有 *tao-ˤyéou*, néanmoins, pourtant
連 *lièn*, mais encore;
然而 *jèn-eul*, cependant;
雖然 *soui-jèn*, quoique;
就是 *tsiéou'-chi'*, cependant mais encore.
便是 *pièn'-chi'*, quand même.

3. CAUSATIVES.

所以 *ˤso-ˤi* } c'est pourquoi;
故此 *kou'-ˤthseu* }
因爲 *in-oueï'*, parce que, car, comme attendu que
爲什么 *oueï'-chi-ˤmo*, pourquoi;
既然 *ki'-jèn*, puisque.

4. CONDITIONNELLES

若 *jou* } si
若是 *jou-chi* }

VIIIE SECTION.

DES INTERJECTIONS.

DES LOCUTIONS INTERJECTIVES ET DES PARTICULES FINALES.

116. Les interjections et les locutions interjectives sont assez nombreuses; ainsi :

Pour exprimer l'aversion, on dit : 罷了罷了 *pa'-'léao! pa'-'léao!* assez! assez! 去罷 *khiu'-pa'!* arrière!

Pour exprimer la douleur, on dit : 嗳呀 *'aï'-ya'!* ah! aïe! 天那 *thièn-na'!* ô ciel! 天老爺 *thièn-'lao-yè!* ô ciel! ô seigneur! 可惜 *'kho-sĭ!* 可惜了 *'kho-sĭ-'léao!* 可憐 *'kho-lièn!* hélas!

Pour exprimer la surprise, on dit : 阿 *a!* ha! 嗳呀 *aï'-ya'!* ha! ha! 阿彌陀佛 *a-mi-to-foĕ!* ô grand Boud-dha! 怪 *kouaï'!* oh!

Pour encourager 好好 *'hao! 'hao!* bien! bien!

Pour appeler 兀那 *oŭo-na'!* hola!

Pour demander du secours, 救人 *kiéou'-jin!* au secours! 救火 *kiéou'-'ho!* au feu!

Pour commander aux soldats de tirer, 放 *fang'!* feu! etc.

117. Il y a dans la langue mandarine, comme dans la langue écrite, des particules finales insignifiantes, qui varient suivant les provinces et les dialectes; toutefois, ces particules ne servent point à marquer la fin d'une phrase ou la séparation des membres qui la composent : elles sont presque toujours interrogatives.

118. A Péking, la plus usitée de toutes les particules finales est 嗎 *ma'*.

IXe SECTION.

SYNTAXE.

SYNTAXE DES SUBSTANTIFS.

§ 1. NOMS PROPRES.

119. Le nom de famille se place toujours avant le surnom; ainsi, dans 王繼業 *Wang Kí-yè*, *Wang* est le nom de famille (*sing'*), *Ki-yè* est le surnom (*ming*).

120. On ne prononce guère le nom d'une personne sans indiquer son titre, son rang ou sa profession.

是吏部王爺么 *Chi' li'-pou' Wang-yè ᶜmo?* Est-ce M. Wang, du ministère du personnel?

滿漢教師茹蓮老爺 *ᶜMan-han' kiao-sse Jou-lièn ᶜlao-yè*, M. Julien, professeur de chinois et de mandchou.

過老爺 *Kouo ᶜlao-yè*, M. Kouo.

他的妹子出了嫁么, 出了, 嫁了誰, 嫁了一个舉人名揚。 *Tha-ti meï'-ᶜtseu tchhou-ᶜleao kia' ᶜmo? — Tchhŏu-ᶜléao. — Kia'-ᶜléao i-ko' ᶜkiu-jin ming Yang.* Sa sœur cadette est-elle mariée? — Oui. — Qui a-t-elle épousé? — Un docteur, dont le nom est Yang.

周夫人 *Tcheou fou'-jin* } madame Tcheou;
周大娘 *Tcheou ta'-niang* }

鳳姑娘 *Foung kou-niang*, mademoiselle Foung.

121. Les affixes des noms propres, quand ces noms désignent un royaume, une province, un département, un arrondissement, un district, une montagne, un fleuve, un

lac, etc., ou les termes génériques dont j'ai parlé (8), sont :

國 *kŏue*, le royaume;
省 *ˋseng*, la province;
府 *ˋfou*, le département;
州 *tcheou*, l'arrondissement;
州 *hièn'*, le district;
山 *chan*, la montagne;
河 *ho*, le fleuve;
湖 *hou*, le lac, etc. Ex.:

大英國 *Ta'-ing-kŏue*, l'Angleterre;
俄羅斯國 *ˋOlosse-kŏue*, la Russie.
人說山西那一省有賊亂起來了么。*Jin-choŭe Chan-si na'-ĭ-ˋseng ˋyéou tsĕ-louan' ˋkhi-laï-ˋléao ˋmo?* Ne dit-on pas qu'une insurrection a éclaté dans le Chan-si?
廣東廣州府 *ˋKouang-toung ˋKouang-tcheou-ˋfou*, le département de Kouang-tcheou, dans le Kouang-toung.
澳門在香山縣之南 *'Ao-'men tsaï 'hiang-chan-tchi nan.* Macao est situé au sud du district de Hiang-chan.
黃河出崐崘山 *Hoang-ho tchhŏu Kouen-lun chan.* Le Fleuve jaune prend ses sources dans les monts Kouen-lun.
洞庭湖在湖廣武昌府 *Toung-thing-hou tsaï' Hou'-ˋkouang Wou-tchhang-ˋfou.* Le lac Toung-thing est situé dans le département de Wou-tchhang, province du Hou-kouang.

122. La terminaison commune des noms dynastiques est 朝 *tchhao*, dynastie. On écrit :

漢 *Han'*, les Han;
唐 *Thang*, les Thang;
宋 *Soung'*, les Soung;
元 *Youèn*, les Youèn;
明 *Ming*, les Ming;
青 *Thsing*, les Thsing.

Mais, en parlant, il faut dire :

漢朝 *Han'-tchhao*, la dynastie des Han;
唐朝 *Thang-tchhao*, la dynastie des Thang;
宋朝 *Soung-tchhao*, la dynastie des Soung, etc.

123. Tous les noms, en général, s'écrivent au pluriel comme au singulier :

如今有幾個諸葛亮 *Jou-kin ʿyéou ʿki-ko˒ Tchou Kŏ-ʿléang*. Il y a aujourd'hui des Tchou Ko-léang.

§ 2. NOMS COMMUNS.

124. Indépendamment des sept procédés au moyen desquels on compose tous les substantifs communs, il arrive souvent qu'on double un monosyllabe, sans que cette réduplication ajoute rien au sens. La plupart des termes familiers et enfantins sont formés d'un monosyllabe redoublé.

爹爹 *tiei-tiei*, papa (*daddy*);
媽媽 *ma-ma*, maman (*mamma*);
哥哥 *ko-ko*, mon frère aîné;
叔叔 *choŭ-choŭ*, mon beau-frère,
姐姐 *ʿtsiei-ʿtsiei*, ma sœur aînée;
妹妹 *meï˒-meï˒*, ma sœur cadette;
嫂嫂 *ʿsao-ʿsao*, ma belle-sœur;
妳妳 *ʿnaï-ʿnai* } madame.
太太 *thaï˒-thaï˒* }

Si nous n'avons point parlé de ce procédé, en traitant des substantifs, c'est qu'il est commun aux adjectifs, aux verbes et surtout aux adverbes. On double les mots en chinois et on les dédouble avec la même facilité.

125. Le collectif 都 *tou*, qui sert à former le pluriel se met toujours après le substantif; mais, quand celui-ci est placé avant le verbe *dont il est le complément*, on peut interposer entre le substantif et le monosyllabe *tou* un pronom ou un autre mot. Exemple :

伯父伯母我都沒有 *Pĕ-fou' pĕ-ʿmou ʿouo tou moŭ-ʿyéou.* Je n'ai ni oncle ni tante (du côté paternel).

Dans cet exemple, le mot *tou* change d'espèce et devient un adverbe.

RAPPORTS DES SUBSTANTIFS.

126. Les rapports des substantifs sont exprimés, dans la langue mandarine, par des prépositions et des postpositions, ou, comme nous l'avons dit (cf. 39), par des particules prépositives ou postpositives.

127. On a distingué *cinq* rapports différents; on a fait plus, on a offert le paradigme d'une *déclinaison* chinoise. Ce n'est pas qu'il y ait grammaticalement, dans les substantifs chinois, une analogie quelconque avec les substantifs des langues à flexions; mais, pour la commodité des jeunes étudiants, on a voulu suivre l'usage, quoique cet usage contredise la grammaire et les principes généraux de la langue mandarine.

PREMIER RAPPORT (NOMINATIF).

128. Le substantif, placé avant le verbe dont il est le sujet, ne prend aucune marque distinctive, ou, pour parler comme l'abbé d'Olivet, n'est point *particulé*. C'est le substantif dans son état naturel.

在熱道天氣總不冷 *Tsaï' je-tao'. thiēn-khi' ʿtsoung-pou ʿleng.* Dans la zone torride, le temps n'est jamais froid.

中國人不能隨便 *Tchoung-koûe-jîn pŏu neng souï-piên'.* Les Chinois ne sont pas libres.

他的脾氣恨不好 *Tha-ti phi-khi hèn pou-ʿhao.* Son caractère est fort mauvais.

母親來了。夫人說 *ʿMou-thsin laï-ʿléao, fou-jin choüe.* Quand ma mère arriva, ma femme dit.

SECOND RAPPORT (GÉNITIF).

129. Le rapport que le génitif latin établit entre deux noms en construction, ou, si l'on veut, le rapport exprimé en français par la préposition *de*, lorsque cette préposition réunit deux substantifs, se marque, en chinois, par une particule postpositive ou suffixe.

130. Cette particule est 的 *ti*, qui remplace le 低 *ʿti* de la dynastie des Soung (960 à 1119 après J. C.), lequel avait lui-même remplacé, dans la langue vulgaire, le 之 *tchi* de la langue primitive. Le caractère 的 *ti* signifie *clair, manifeste;* pris comme particule, il indique un rapport et n'a point de signification particulière.

131. Si le complément du substantif français est formé de la préposition *de* et d'un mot qui dépend de cette préposition, le complément du substantif chinois est formé de la particule postpositive *ti* et d'un mot dont elle dépend; mais il y a cette différence entre le génitif français et le génitif chinois que le mot, suivi de la particule *ti*, se place toujours avant le substantif, dont il est le complément. Exemples :

中國的女人作工夫多 *Tchoung-koue-ti ʿniu-jin tsò-koung-fou to.* Les femmes de la Chine (les Chinoises) qui travaillent sont en assez grand nombre.

今日就是春天的起頭 *Kin-ji tsiéou' chi' tchhun-thièn-ti ʿkhi-theou.* C'est aujourd'hui le commencement du printemps.

大老爺的烟袋在這裏 *Ta'-ʿlao-ʾyè-tĭ yèn-taï' tsaï' tche'-ʿli.* La pipe de Votre Excellence est ici.

耶穌的聖母 *Yè-sou-tĭ cheng'-ʿmou*, la mère de Jésus.

是老張的兒子 *Chi' ʿlao-Tchang-tĭ eul-ʿtseu.* C'est le fils de Tchang.

Ainsi le génitif se place avant le nominatif, ou, comme le dit M. Abel-Rémusat, le terme antécédent se place après le terme conséquent. Cette règle, ajoute-t-il avec raison, *est universelle en chinois et ne souffre jamais d'exception.*

132. Cependant Gonçalves a cru en trouver une; voici dans quels cas. On sait que le rapport indiqué par le génitif peut s'étendre à une infinité de choses; tantôt, suivant Beauzée, « c'est le rapport de la qualité au sujet, *fortitudo regis;* tantôt, du sujet à la qualité, *puer egregiæ indolis;* quelquefois, c'est le rapport de la forme à la matière, *vas auri;* d'autres fois, de la matière à la forme, *aurum vasis.* Ici, c'est le rapport de la cause à l'effet, *creator mundi*; là, de l'effet à la cause, *Ciceronis opera.* Ailleurs, c'est le rapport de la partie au tout, *pes montis;* de l'espèce à l'individu, *oppidum Antiochiæ;* du contenant au contenu, *modius frumenti*, etc. » Or, le P. Gonçalvès, dans son *Arte China*, cite plusieurs exemples, desquels on peut inférer (on l'a fait) que le terme conséquent (génitif) se place, par exception, après le terme antécédent (nominatif), *toutes les fois que le génitif exprime le rapport de la partie au tout, mais surtout le rapport du contenant au contenu.* Voici les trois exemples de l'auteur:

一斤酒 *i-kin-ʿtsiéou*, un cati de vin;

一群羊 *i-kiun-yang*, un troupeau de moutons;

一兩銀 *i-ʿléang-in*, une once d'argent.

Le P. Gonçalvès aurait pu en rapporter une foule d'autres; mais l'exception dont il parle est au moins contestable, et la preuve qu'il en donne, inadmissible. Il a fait, ce nous semble, une fausse application des règles concernant la position des mots, mis le génitif au nominatif et le nominatif au génitif. La locution 一斤酒 ne signifie pas, *mot à mot*, un cati *de vin*, mais le vin *d'un cati*; 一群羊 un troupeau *de moutons*, mais les moutons *d'un troupeau*; 一兩銀 une once *d'argent*, mais l'argent *d'une once*.

Toutefois, ce n'est pas ainsi qu'il faut envisager les locutions de cette espèce. Pour peu qu'on veuille agrandir le cercle étroit dans lequel on a circonscrit jusqu'à présent les mots composés, on reconnaîtra que les monosyllabes *kin*, cati, *kiun*, troupeau, *'léang*, once, qui figurent dans les locutions *ĭ-kin-'tsieou*, un cati de vin, *ĭ-kiun-yang*, un troupeau de moutons, *ĭ-'léang-in*, une once d'argent, comme toutes les particules numérales, comme tous les noms monosyllabiques des poids et des mesures, sont, grammaticalement parlant, *des substantifs auxiliaires et déterminatifs*. Ils servent, comme auxiliaires, à fixer le sens des substantifs *'tsieou*, vin, *yang*, mouton, *in*, argent; comme déterminatifs, à restreindre l'idée d'une plus grande quantité à une plus petite. Quant à la règle de position, la voici : le substantif déterminatif se place toujours avant le substantif qu'il détermine, comme l'adjectif qualificatif, on va le voir tout à l'heure, se place toujours avant le substantif qu'il qualifie.

TROISIÈME RAPPORT (DATIF).

133. Le rapport exprimé en français par la préposition *à* se marque, en chinois, par les prépositions 給 *ki*, et 對

toui', à, 同 *thoung*, avec, 向 *hiang'*, vers; nous nommons ces *petits mots* des particules :

給哥哥帶些東西回來 *Kĭ ko-ko taï' siè toung-si hoeï-laï*. Rapportez quelque chose à votre frère aîné.

你叫我同什么人說話 *'Ni kiao' 'ouo thoung chĭ-'mo jin choüe-hoa'?* A quelle personne voulez-vous que je parle?

對朋友們說 *Toui' pheng-'yéou-men choüe*. Parlez à vos amis.

耶穌向宗徒們說 *Yé-sou hiang' tsoung-tou-men choüe*. Jésus dit à ses disciples.

Le complément indirect des verbes est infiniment rare en chinois.

QUATRIÈME RAPPORT (ACCUSATIF).

134. Le substantif placé après le verbe dont il est le complément n'est point *particulé* et ne prend aucune marque distinctive :

父親命我請大夫去 *Fou'-thsin ming 'ouo thsing ta'-fou khiu'*. Mon père m'ordonne d'aller chercher le médecin.

他在鋪子裏學生意 *Tha thsaï' phou'-'tseu-'li hiŏ-seng-i'*. Il est dans une boutique, où il apprend le commerce.

我們去看那个打獵的人 *'Ouo-men khiu' khan' na'-ko' 'ta-lièi-ti-jin*. Allons voir le chasseur.

135. Placé avant le verbe dont il est le complément, le substantif est ordinairement précédé du verbe auxiliaire 把 *'pa*, prendre: ce verbe auxiliaire ou cette particule se construit exactement comme le 將 *tsiang* de la dynastie des Youèn, et semble indiquer que le substantif est régi par un verbe actif, lequel alors est rejeté à la fin de la phrase :

他把現時中國的文法講解明白 *Tha ˋpa hièn’-chi tchoung-koŭe-tĭ wen-fă kiang-ˋkiai-ming-pĕ.* Il explique les monuments de la langue chinoise moderne.

他把銀子費了 *Tha ˋpa in-ˋtseu feï’-ˋléao.* Il a dépensé l'argent.

他就都藏起來了。把他老人家放在一邊 *Tha tsiéou’ tou thsang-ˋkhi-laï-ˋléao, ˋpa tha ˋlao-jin-kia fang’-tsaï’ ĭ-pièn.* Elle se mit à cacher tout ce qu'elle avait, et laissa la pauvre femme dans un coin.

136. Il arrive souvent que le complément, placé avant le verbe, ne prend aucune marque particulière :

到低學生的人都不見了 *tao’-ti hiŏ-seng-tĭ-jin tou poŭ kièn’-ˋléao*, mais je n'ai pas vu les écoliers.

那个人不是我殺的 *Na’-ko’ jin pŏu-chi’ ˋono chă-tĭ.* Ce n'est pas moi qui ai tué cet homme-là.

様様的事情天主都知道么 *Yang’-yang’-tĭ sse’-thsing thièn-ˋtchou tou tchi-tao’-ˋmo?* Dieu connaît-il parfaitement toutes nos actions?

CINQUIÈME RAPPORT (INSTRUMENTAL).

137. L'instrumental est exprimé, en chinois, par la préposition 被 *pi’*. Cette préposition sert à marquer le passif des verbes :

房子被火燒了 *Fang-ˋtseu pi’ ˋho chao-ˋléao.* La maison a été consumée par le feu.

被父親打的時候不作聲 *Pi’ fou’-thsin ˋta-tĭ chi-heou’, pŏu tsŏ-cheng.* Quand il était battu par son père, il ne proférait pas un mot.

他被人笑話 *Tha pi’ jin siao’-hoa’.* Il a été raillé par les autres.

On marque l'ablatif par la préposition 從 *thsoung*, de, et le locatif par les postpositions 裏 *ʿli*, 間 *kièn*, 中 *tchoung*, 內 *neï'*, qui toutes signifient *dans*.

SYNTAXE DES ADJECTIFS.

138. On peut réduire à deux points la syntaxe des adjectifs. 1° à la *position*, 2° à la *terminaison*.

POSITION DE L'ADJECTIF.

139. L'adjectif qualificatif se place invariablement avant le nom qu'il qualifie :

人信你是个正經的人。你倒背了良心 *Jin-sin' ʿni chi' ko' tcheng'-king-tĭ-jin; ʿni tao' peï'-ʿléao léang-sin.* On croit que vous êtes un honnête homme, mais, au fond, vous n'avez pas craint d'agir contre votre conscience.

在縣裏有富貴的人 *Tsaï'-hièn'-ʿli ʿyéou fou'-koueï'-tĭ-jin.* Il y a de grands personnages chez le préfet.

人說他們有不好的來往 *Jin-choŭe tha-men ʿyéou pòu-ʿhao-tĭ laï-ʿwang.* On dit qu'ils ont ensemble des relations criminelles.

140. Cette règle ne souffre pas d'exception. Le mot (l'adjectif) change d'espèce, quand il est placé après le substantif, et devient un verbe intransitif, ou, comme l'a dit M. Stanislas Julien, un verbe neutre, qu'on rend en français par le verbe *être* et un adjectif :

東方火輪車行好看的很 *Toung-fang ʿho-lun-tchhe-hang ʿhao-khan'-tĭ-hèn'.* L'embarcadère du chemin de fer de Strasbourg est magnifique.

到低這个不容易 *tao'-ti tche'-ko' pou young'-i*, mais cela n'est pas facile.

因爲他的記舍非常的。北京福建湖廣各省的話都會說 *In-weï' tha-tĭ kĭ'-han feï-tchhang-tĭ, Pĕï-king, Foŭ-kièn', Hou'-ᶜkouang, kö-ᶜseng-tĭ hoa' tou hoeï'-chöue.* Comme il a une mémoire extraordinaire, il sait parler les dialectes de Péking, du Fou-kièn', du Hou'-ᶜkouang, enfin tous les dialectes.

有書賣么。有。給我看四書。這一部是藏板的。賤的。還有官板的。到低貴一些 *ᶜYéou chou maï' ᶜmo? — ᶜYéou. — Kĭ ᶜouo khan' sse'-chou. — Tche'-ĭ-pou' chĭ' thsang-ᶜpan-tĭ, tsièn'-tĭ; hoan ᶜyéou kouan-ᶜpan-tĭ; tao'-ti koueï'-ĭ-siè.* Avez-vous des livres à vendre? — Oui. — Montrez-moi les *Sse-chou* (les quatre livres classiques). — Voici une édition stéréotype à bon marché; j'ai une édition officielle, mais elle est un peu plus chère.

141. L'adjectif déterminatif se place avant le nom qu'il détermine :

這一樣酒利害 *Tche'-ĭ-yang' ᶜtsiéou ᶜli-haï'.* Ce vin-ci est très-capiteux.

那一樣酒沒有力量 *Na'-ĭ-yang' ᶜtsiéou moŭ-ᶜyéou ᶜli-léang'.* Ce vin-là n'a pas de force.

142. Le nom de nombre se met avant la chose nombrée :

共總有十萬兩銀子 *ᶜKoung-ᶜtsoung ᶜyéou chĭ-wan' ᶜléang-in-ᶜtseu.* Cela fait en tout cent mille taels.

143. Les multiplicateurs des nombres 10, 100, 1,000, 10,000 se placent toujours avant les nombres qu'ils multiplient :

一千八百五十六 *ĭ-thsièn-pă-pĕï-ᶜou-chĭ-loŭ*, mil huit cent cinquante-six.

(L'année 1856 correspond à l'année 4493 de l'ère cyclique des Chinois, à la cinquante-troisième année du soixante quinzième cycle de soixante ans et à la sixième de la période *hièn-foung* ou du règne de l'empereur actuel.)

三萬。六千、二百四十四萬。七千一百八十三 *san-wan', loŭ-thsièn, eul'-pĕi-sse'-chĭ-sse'-wan', thsĭ-thsièn-ĭ-pĕi-pă-chĭ-san*, trois cent soixante-deux millions quatre cent quarante-sept mille cent quatre-vingt-trois.

(Ce dernier chiffre représente le montant général de la population chinoise en 1812, d'après le *Taï-thsing-hoeï-tièn*[1].)

TERMINAISON DE L'ADJECTIF.

144. Tout adjectif élémentaire et radical qui n'est point particulé s'agrége d'ordinaire avec le substantif (conf. 27) :

好好。隨便你說多少笑話 *'Hao-'hao; soui-pièn' 'ni choŭe to-'chao siao'-hoa'.* Bien! bien! poussez la plaisanterie aussi loin que vous voudrez.

Dans cette phrase, l'adjectif verbal 笑 *siao'* s'agrége avec le substantif 話 *hoa'; siao'-hoa'*, plaisanteries, choses plaisantes, complément du verbe 說 *choŭe*, dire, raconter, est donc un substantif composé de la sixième classe. Généralement, l'adjectif élémentaire et radical ne se distingue du substantif qu'autant qu'il est accompagné de la particule 的 *tĭ*, terminaison commune des adjectifs. Il y a toutefois des exceptions à cette règle :

可見打架有多大關係 *'Kho-kièn' 'ta-kia' 'yéou to ta' kouan-hĭ'.* Il est évident que les querelles ont des conséquences dangereuses (mot à mot, de grandes conséquences).

沒有什么大分別 *Moŭ-'yéou chĭ-'mo ta'fen-piĕi.* Il n'y a pas une grande différence.

[1] Voyez *la Chine moderne*, Ire partie, par G. Pauthier, p. 168.

145. La terminaison commune des noms de nombre, quand ils se rapportent à un substantif, est 个 *ko'* :

一个首飾鋪 *ĭ-ko' ʻcheou-chĭ-phou'*, un magasin de modes.
兩个雜貨鋪 *ʻléang-ko' tsă-ho'-phou'*, deux épiciers.

今日打猎怎么樣。恨好。打猎的東西多。兩下鐘的工夫打了一个野猪。兩个班鳩。八个鷓鴣。五个野兎兒。九个喜雀。一下打了三十个燕。*Kin-jĭ ʻta-lieï ʻtsen-ʻmo-yang'? — Hèn'-ʻhao! ʻta-lieï-tĭ toung-si to. ʻLéang-hia'-tchoung-tĭ koung-fou, ʻta-ʻléao ĭ-ko' ʻyè-tchou. ʻLéang-ko' pan-kieou, pă-ko' tche'-kou, ʻou-ko' ʻyè thou'-eul, ʻkieou-ko' ʻhi-tsiŏ; ĭ-hia', ʻta-ʻléao san-chĭ-ko' yèn'.* Avez-vous fait une bonne chasse aujourd'hui? — Excellente! il y a beaucoup de gibier. Dans l'espace de deux heures, j'ai tué un sanglier, deux tourterelles, huit perdrix, cinq lièvres et neuf pies; j'ai tué trente hirondelles d'un seul coup.

146. 初 *thsou*, comme on l'a dit plus haut (53), remplace quelquefois la particule ordinale 第 *ti'* :

如今是幾月。五月。初幾。初十罷。錯了。今日是十一日 *Jou-kin chi' ʻki-yueï? — ʻou-yueï. — Thsou-ʻki? — Thsou-chĭ-pá. — Thso'-ʻléao, kin-jĭ chi' chĭ-ĭ-jĭ.* Dans quel mois sommes-nous maintenant? — Dans le cinquième. — Quel quantième avons-nous? — Le dix. — Vous vous trompez, c'est aujourd'hui le onze.

DEGRÉS DE COMPARAISON.

COMPARATIF.

147. Le comparatif absolu s'exprime par le mot 更 *keng'*, plus, que l'on place toujours avant l'adjectif :

這个夫人更美 *Tche'-ko' fou-jin keng' ʻmeï.* Cette femme est plus belle

銀子更好 *In-ʿtseu keng' ʿhao.* L'argent vaut encore mieux.

148. Lorsque l'on compare deux objets, le nom qui sert de second terme à la comparaison est toujours précédé du mot 比 *pi'* comparé à :

這个比那个又好 *Tche'-ko' pi' na'-ko' yéou' ʿhao.* Ceci vaut mieux que cela.

巴黎府比順天府好看的 *Pa-li-ʿfou pi' Chun'-thiën-ʿfou ʿhao-khan'-tĭ.* L'hôtel de ville de Paris est plus beau que celui de Péking.

酒比水好 *ʿTsiéou pi' ʿchoui ʿhao* ou 酒比水更好 *ʿTsiéou pi' ʿchoui keng' ʿhao.* Le vin est meilleur que l'eau.

149. La règle est la même quand les deux termes comparés sont des pronoms.

你比他高 *ʿNi pi' tha kao.* Vous êtes plus grand que lui.

150. Lorsque la phrase est négative, on remplace quelquefois le mot 比 *pi'* par la locution 不如 *poŭ-jou*, mot à mot *pas comme :*

他不如你高 *Tha poŭ-jou ʿni kao.* Il n'est pas aussi grand que vous.

151. Comme dans la langue écrite, l'adjectif reste au positif, si la phrase est interrogative :

那个好嗎 *ʿNa-ko' ʿhao ma'?* Quel est le meilleur?

152. Il y a des locutions qui expriment la préférence, le choix que l'on fait ou que l'on doit faire d'une chose plutôt que d'une autre :

不來更好 *Pou lai keng' ʿhao.* Il vaudrait mieux qu'il ne vînt pas.

寧死再不敢犯罪 *Ning'-ʿsse tsaï' poŭ ʿkan fan tsoui'.* Il vaut mieux mourir que d'enfreindre la loi.

莫若叫他作個大夫 *Mŏu-jŏ kiao' tha tsŏ ko' ta'-fou.* Il vaut mieux en faire un médecin.

我寧要同你們去不要在家。但脚上有病。不能出門 *'Ouo ning-yao' thoung 'ni-men khiu' poŭ-yao' tsaï'-kia; tan' kiŏ-chang' 'yéou-ping', poŭ-neng tchhŏu-men.* J'aimerais mieux aller avec vous que de rester à la maison; mais j'ai mal au pied, je ne puis pas sortir.

153. La quantité dont une chose l'emporte sur une autre[1] s'exprime après l'adjectif, qui reste au positif :

高六寸 *kao loŭ thsun'*, plus haut de six pouces.

長我的妹子二年 *tchang' 'ouo-tĭ meï'-'tseu eul' niên*, plus âgée que ma sœur de deux ans.

SUPERLATIF.

154. Les monosyllabes qui se mettent avant l'adjectif pour former le superlatif, absolu ou relatif, sont 最 *tsouï'* et 至 *tchi':*

那个夫人是最好的 *Na'-ko' fou-jin chi' tsouï' 'hao-tĭ.* C'est la meilleure des femmes.

衆人中他最好看的 *Tchoung' jin tchoung tha tsouï' 'hao-khan'-tĭ.* De tous les hommes c'est le plus beau.

至貴的值五兩銀子 *Tchi' koueï'-tĭ tchĭ 'ou 'léang-in-'tseu.* Les plus chers coûtent cinq taels.

他是最高的 *Tha chi' tsouï' kao-tĭ.* Il est très-grand.

155. Les mots qui se mettent après l'adjectif, pour former le superlatif, sont 恨 *hen'* et 了不得 *'léao-poŭ-tĕ :*

老虎利害的恨 *'Lao-'hou 'li-haï'-tĭ-hèn'.* Le tigre est très-méchant.

[1] Abel-Rémusat, *Grammaire chinoise*, p. 163.

喜歡的了不得 *ʿHi-hoan-tĭ ʿléao-pŏu-tĕe.* Il paraît très-content.

SYNTAXE DES PRONOMS.

156. Dans le langage familier, soit que l'on réponde, soit même que l'on interroge, on omet souvent les pronoms, tant de la première personne que de la seconde :

懂得不懂得 *ʿToung-tĕe pŏu-ʿtoung-tĕe?* Comprenez-vous?

都不懂得 *Tou pŏu-ʿtoung-tĕe.* Je ne comprends rien.

不知道是什么法子 *Pŏu-tchi-tao' chi' chĭ-ʿmo fă-ʿtseu.* Je ne sais pas ce que c'est.

157. Les pronoms personnels se placent avant le verbe, quand ils sont employés comme sujets; après le verbe, quand ils sont employés comme compléments :

伱打我，我打伱 *ʿNi ʿta ʿouo, ʿouo ʿta ʿni.* Si vous me frappez, je vous frapperai.

他不能大聲說 *Tha pŏu nèng ta'-cheng choŭe.* Il ne peut pas parler très-haut.

伱認得他么 *ʿNi-jin'-tĕe tha ʿmo?* Le connaissez-vous?

我想認得他 *ʿOuo ʿsiang jin'-tĕe tha.* Il me semble que je le connais.

158. Le pronom réfléchi 自家 *tseu'-kia*, soi ou soi-même, peut être employé comme sujet et comme complément du verbe :

就是自家打自家 *Tsiéou'-chi' tseu'-kia ʿta tseu'-kia.* C'est exactement comme si l'on se frappait soi-même.

159. Le pronom relatif 的 *ti*, qui, que, dont, seul ou avec 所 *ʿso*, se place toujours après le verbe :

昨天來到的船是那一國的 *Tsŏ-thiên lai-*

tao'-tĭ tchhouèn chĭ' ʿna ĭ-kŏue-tĭ? A quelle nation appartient le navire qui est arrivé hier?

你給我的雨傘丢了 *ʿNi kĭ-ʿouo-tĭ ʿiu-ʿsan tiŏou-ʿléao.* J'ai perdu le parapluie que vous m'avez donné.

你看的那个人是我的朋友 *ʿNi-khan'-tĭ na'-ko' jin chĭ' ʿouo-tĭ phong-ʿyeou.* Cet homme que vous regardez est mon ami.

所要的東西 *ʿso-yao'-tĭ toung-si*, les objets dont j'ai besoin.

我所有的錢不彀用 *ʿOuo-ʿso-ʿyéou-tĭ thsiên pŏu-keou'-young'.* L'argent que j'ai en ma possession ne suffira pas pour ma subsistance.

你害的是什么病 *ʿNi haï'-tĭ chĭ' chĭ-ʿmo ping'.* Quel est le mal dont vous souffrez?

160. Nos pronoms indéfinis n'existent pas dans la langue mandarine. On dit *quelque personne que ce soit* pour *quiconque; un homme* pour *quelqu'un; chaque homme* pour *chacun; les autres hommes* pour *autrui; celui-ci et celui-là* pour *l'un l'autre*, etc. Exemples :

ON.

有人說 *ʿYéou jin choüe.* On dit, mot à mot, Il y a des hommes qui disent.

人說什么 *Jin choüe chĭ-ʿmo?* Que dit-on?

衆人說 *Tchoung'-jin choüe.* On dit généralement.

QUICONQUE.

一个不論什么人 *ĭ-ko' pou lun chĭ-ʿmo jin*, quiconque.

大凡人做買賣的 *ta'-fan-jin tso' ʿmaè-maï'-tĭ*, quiconque achète et vend.

凡有大罪的人 *fan ʿyèou ta'-tsouï'-tĭ-jin*, quiconque a commis un grand péché.

凡是知道好歹的人 *fan-chi' tchi-tao' 'hao-'taï-tĭ-jin*, quiconque sait discerner le bien d'avec le mal.

QUELQU'UN.

有一个人從書房中把紅樓夢取去了 *'Yéou ĭ-ko' jin thsoung chou-fang tchoung 'pa houng-leou-meng' 'thsiu-khiu'-'léao*. Quelqu'un a pris les Songes du pavillon rouge dans votre bibliothèque.

一定有人報他知 *I-ting' 'yéou jin pao' tha tchi*. Il y a certainement quelqu'un qui l'a prévenu.

CHACUN.

各人風俗不同 *Kŏ-jin foung-soŭ pŏu-thoung*. Chacun a ses habitudes.

各有各人的事業 *Kŏ 'yéou kŏ-jin-tĭ sse'-yĕi*. Chacun a ses occupations.

AUTRUI.

人家的東西 *jĭn-kia-tĭ toung-si*, le bien d'autrui.

我們知道別人的毛病 *'Ouo-men tchi-tao' piĕi jin-tĭ mao-ping'*. Nous connaissons les défauts d'autrui.

L'UN ET L'AUTRE.

他們兩个都好 *Tha-men 'léang-ko' tou 'hao*. L'un et l'autre sont bons.

兩个裏頭誰好。兩个都不好 *'Léang-ko' 'li-theou choui 'hao?* — *'Léang-ko' tou pŏu-'hao*. Quel est le meilleur des deux? — Ils ne valent rien ni l'un ni l'autre.

L'UN L'AUTRE.

他們彼此相幇 *Tha-men 'pi-'thseu siang-pang*. Ils s'assistent l'un l'autre.

PERSONNE.

他自己在，沒有別人 *Tha tseu'-'ki tsaï'; mŏu-'yéou piĕi-jin*. Il était seul; il n'y avait personne.

161. Les rapports des pronoms s'expriment, comme ceux des substantifs, au moyen des particules prépositives et postpositives. (Conf. 40.)

SYNTAXE DES VERBES.

162. Dans toute proposition où il n'y a rien de sous-entendu, le sujet du verbe est toujours placé avant le verbe; les substantifs ou les pronoms compléments d'un verbe actif se placent presque toujours après, quelquefois avant le verbe.

163. On fait souvent l'ellipse du verbe substantif 是 *chi'*, être. On dit :

天氣好 *Thiēn-khi' 'hao.* Le temps est beau.

天氣不冷 *Thiēn-khi' pŏu-'leng.* Le temps n'est pas froid.

人多。工夫少 *Jin to, oung-fou 'chao.* Il y a beaucoup d'ouvriers, mais le travail est rare.

他生的好看么 *Tha seng-tï 'hao-khan' mo?* Est-elle jolie?

M. Abel-Rémusat enseigne (*Gramm. chin.* § 152) qu'on omet le verbe substantif toutes les fois qu'il s'agit seulement d'attribuer une qualité à un sujet, c'est-à-dire d'attribuer à un sujet une qualité qui n'emporte pas l'idée d'une action. Cette règle nous paraît trop absolue.

164. Nous avons dit que nous reviendrions sur les verbes auxiliaires de la seconde catégorie. Quoiqu'ils méritent une attention particulière, puisqu'ils servent à former des idiotismes, on ne parlera ici que des verbes les plus usités.

165. 可 *'kho* (*posse*) et 得 *tee* (*assequi*), placés le premier avant et le second après le verbe, forment des adjectifs verbaux :

我也有可問的事情 *'Ouo 'yè 'yéou 'kho-wen'-tĭ sse'-thsing.* Et moi aussi j'ai une affaire à débrouiller avec vous. *'Kho-wen'-tĭ* a de l'analogie avec l'adjectif anglais *questionable.*

可怕的就是這个 *'Kho-pha'-tĭ, tsiéou'-chi' tche'-ko'.* Ce que vous avez à craindre, c'est cela. *'Kho-pha'-tĭ* signifie redoutable.

可見 *'kho-kièn'*, il est évident que.

伱說可笑不可笑 *'Ni-choŭe 'kho-siao' poŭ-'kho-siao'?* Dites-moi, n'est-ce pas ridicule?

作得 *tsŏ-tĕe* } Cela est possible.
使得 *'sse-tĕe* }

作不得 *tsŏ-pŏu-tĕe* } Cela est impossible.
使不得 *'sse-pŏu-tĕe* }

通不得 *thoung-pŏu-tĕe.* Cela est incompréhensible.

166. Les verbes auxiliaires 去 *khiu'* (*ire*) et 來 *laï* (*venire*), placés après le verbe principal ou rejetés à la fin de la phrase, font, comme on l'a dit, l'office des particules anglaises *out, in, up, down :*

想來想去沒有法子 *'Siang-laï, 'siang khiu', mŏu-'yéou fă-'tseu.* J'ai beau y penser, il n'y a pas de remède.

伱學官話來做什么 *'Ni hĭo kouan-hoa' laï tso'-chi-'mo?* Pourquoi étudiez-vous la langue mandarine?

去泡茶來 *Khiu'-phao'-tchha-laï.* Allez chercher le thé.

167. 把 *'pa* (*capere*) marque l'accusatif, selon M. Stanislas Julien. Placé avant un substantif ou un pronom, il indique ordinairement que ces mots sont régis par un verbe actif, lequel peut être rejeté à la fin de la phrase :

把小艇往這一邊來 *'Pa 'siao-'thing 'wang tche' i-piēn laï.* Amenez le bateau ici.

把笑的話都對他說了 *'Pa siao'-ti hoa' tou toui' tha choüe-'léao.* Il n'a fait que plaisanter avec lui.

把我打死了 *'Pa 'ouo 'ta-'sse-'léao.* Il m'a tué.

168. 打 *'ta* (*verberare*) offre une assez grande ressemblance avec notre verbe *faire*. Le P. Basile a rédigé une table de cent dix-neuf idiotismes formés avec le verbe auxiliaire 打 *'ta*. M. Klaproth en a joint une soixantaine à ce nombre[1]; mais, dans la langue mandarine, les deux tiers, au moins, de ces locutions sont inusitées :

打仗 *'ta-tchang'*, combattre;
打傷 *'ta-chang*, blesser;
打死 *'ta-'sse*, tuer;
打發 *'ta-fă*, envoyer quelqu'un;
打賭 *'ta-'tou*, parier, etc.

有時候打獵。有時候打魚 *'Yéou chi-heou' 'ta-lĭei, 'yéou chi-heou' 'ta-iu.* Je vais quelquefois à la chasse, d'autres fois à la pêche.

169. Les verbes auxiliaires 叫 (*vocare*) et 教 (*docere*), qui se prononcent également *kiao'*, répondent à nos locutions *forcer*, *obliger*, *contraindre à* :

叫人恭敬他 *Kiao'-jin koung-king' tha.* Il se fait respecter, mot-à-mot, Il force les hommes à le respecter.

教我心裏好悶 *Kiao'-'ouo sin-'li 'hao men'.* Vous me faites bien de la peine.

叫他進來 *Kiao'-tha tsin'-laï.* Faites-le entrer.

[1] Abel-Rémusat, *Éléments de la grammaire chinoise*, p. 153, à la note. On ferait une liste presque aussi longue des idiotismes qui se rencontrent avec le verbe 作 *tso*, faire.

170. Dans le langage de la civilité (*'li-mao'-tŭ-hoa'*), on fait un usage très-fréquent des verbes auxiliaires 請 *'thsing* (*rogare*) et 敢 *'kan* (*audere*) :

請你納吃家常飯 *'Thsing-'ni-na tchĭ kia-tchhang-fan'*. Faites-moi, je vous prie, le plaisir d'accepter mon dîner.

不敢當 *Poŭ 'kan-tang'* } Vous êtes bien bon.
豈敢 *'Khi-'kan* }

敢是不來 *'Kan-chi' poŭ laï*. Je pense qu'il ne viendra pas.

Par urbanité on place ordinairement *'thsing* avant l'impératif :

請坐 *'thsing-tso'*, asseyez-vous.
請來 *'thsing-laï*, venez.

171. 給 *ki* (*dare*) marque le datif comme 把 *'pa* (*capere*) marque l'accusatif : 給我看 *ki-'ouo-khan'*, montrez-moi. On met quelquefois 讓 *jang'* (*cedere*) à la place de *ki* : 讓我看 *jang'-'ouo-khan'*, mot à mot, laissez-moi voir.

172. Il y a des verbes auxiliaires dissyllabiques, c'est-à-dire formés de la réunion de deux verbes auxiliaires simples, comme 該當 *kaï-tang* (*oportet*), 能句 *neng-keou'* (*posse*), 起來 *'khi-laï* (*surgendo venire*) :

如今該當下雨 *Jou-kin kaï-tang 'hia-'iu*. Il va pleuvoir.

今年該當有許多的果子 *Kin-nien kaï-tang 'yeou 'hiu-to-ti 'kouo-'tseu*. Il y aura beaucoup de fruits cette année.

這是能句的事情 *Tche' chi' neng-keou'-ti sse'-thsing*. Cela est possible.

他不能句 *Tha pou neng-keou'*. Il ne peut pas.

他說起來。不管人知道不知道 *Tha choŭe ʿkhi-laï : poŭ ʿkouan jin tchi-tao' poŭ-tchi-tao'?* Il se mit à dire : qu'importe qu'on le sache ou qu'on l'ignore?

想不起來 *ʿSiang poŭ ʿkhi-laï.* Je ne m'en souviens pas.

173. Un des principes fondamentaux du Kouan-hoa', c'est qu'un substantif, formé de l'agrégation de deux termes simples ou de deux substantifs radicaux, peut être pris successivement comme adjectif ou comme verbe, soit que la terminaison commune des adjectifs 的 *ti*, ou la marque ordinaire des verbes 了 *ʿléao*, accompagne les deux monosyllabes radicaux, soit que les monosyllabes restent privés d'une forme grammaticale quelconque. Ainsi, le substantif composé 孝順 *hiao'-chun'*, piété filiale, est formé de la réunion de deux termes simples ou de deux monosyllabes radicaux, dont le premier, 孝 *hiao'*, piété filiale, exprime l'idée principale, et le second, 順 *chun'*, obéissance, représente l'idée accessoire. Avec ce substantif composé, on peut former à volonté un adjectif ou un verbe, exactement comme, dans la langue écrite, un caractère peut être pris successivement comme substantif, comme adjectif et comme verbe :

那一个不知道孝順是好事 *ʿNa i-ko' pou tchi-tao' hiao'-chun' chi' ʿhao-sse'?* Qui est-ce qui ne sait pas que la piété filiale est une vertu?

你看這孝順的人不聽信老婆的說話 *ʿNi khan' tche' hiao'-chun'-ti jin: pou thing' sin' ʿlao-pho-ti choŭe-hoa'.* Voyez les hommes animés de piété filiale: ils n'écoutent pas les bavardages de leurs femmes.

難道我們是他的兒子媳婦該當孝順他的么 *Nan-tao' ʿouo-men chi' tha-ti eul'-ʿtseu si-fou?*

Kaï-tang hiao'-chun'-tha-tĭ 'mo? Est-ce que vous êtes son fils? Est-ce que je suis sa bru? Sommes-nous donc obligés d'avoir pour lui de la piété filiale?

Voilà trois phrases tirées du *Cheng'-iu'-'kouang-hiun'*; dans la première, 孝順 *hiao'-chun'*, est un substantif; dans la seconde, un adjectif; dans la troisième, un verbe [1].

174. Quand un verbe est formé de la réunion de deux termes synonymes, on peut quelquefois interposer entre le premier terme et le second la négative 不 *pŏu* :

看不見 *khan'-pŏu-kièn'*, on ne voit pas;
看得見 *khan'-tĕe-kièn'*, on voit.
聽不見人說話 *Thing'-poŭ-kièn' jin chŏue-hoa'*. On n'entend pas ce que l'on dit.

175. Il arrive souvent que l'on double un verbe, sans que cette réduplication ajoute rien au sens. (Conf. 124.)

沒有事的時候。看看書寫寫字 *Mŏu-'yéou sse'-tĭ chi-heou', khan'-khan' chou, 'siei-'siei tseu'*. Quand vous n'avez rien à faire, lisez, écrivez.

176. Le complément inséparable d'un verbe (conf. 76) n'est pas toujours placé immédiatement après le verbe :

拉了我辮子。打了我一个嘴巴。抓了我的臉 *Lă-'leao 'ouo pièn'-'tseu; 'ta-'leao 'ouo ĭ-ko' 'tsoui-'pa; 'tchao-'leao 'ouo-tĭ 'lièn.* Il m'a tiré par la queue: il m'a donné un soufflet: il m'a égratigné la figure.

替我問張先生好 *Thi' 'ouo wen' Tchang siēn-seng 'hao.* Faites mes compliments à M. Tchang.

[1] *Mémoire sur les principes généraux du chinois vulgaire*, p. 91 et 92.

177. Dans le langage familier, comme dans les livres, le complément inséparable d'un verbe peut être omis, quand ce complément a déjà été exprimé :

借銀子取利錢么。我取的都是按理三分 *Tsieï' in-'tseu 'thsiu 'li-thsièn-'mo? — 'Ouo' thsiu-ti tou-chi' 'an-'li san-fen.* A quel taux d'intérêt prêtez-vous votre argent? — Je ne prends que trois pour cent par mois, conformément à la loi.

Le verbe à complément inséparable est 取利錢 *'thsiu-'li-thsièn*, percevoir un intérêt. Le complément 利錢 *'li-thsièn*, intérêt, énoncé dans la demande, est sous-entendu dans la réponse.

178. Le verbe à complément inséparable est rarement un verbe actif; il y a cependant des exceptions à cette règle, même dans les romans :

得罪老先生 *Tĕe-tsouï' 'lao-siēn-seng.* Je vous ai offensé.

必然要觸怒鉄相公 *Pi-jèn yao' tchho-nou' Thieï siang-koung.* Il ne manquera pas d'irriter M. Thieï.

179. Nous remarquerons, enfin, que les verbes composés, formés de la réunion de deux verbes synonymes (2e classe) et les verbes à complément inséparable (3e classe) peuvent être employés substantivement :

恭敬不如從命 *Koung-king' poŭ-jou thsoung-ming.* L'obéissance vaut mieux que le respect.

SYNTAXE DES ADVERBES.

180. L'adverbe chinois, qui modifie un verbe ou un adjectif, peut modifier un autre adverbe :

恨好 *hèn'-'hao*, très-bien.

好一些 *ʿhao-ĭ-siè*, un peu mieux.
你這樣快往那裏跑 *ʿNi tche'-yang' kouai' ʿwang ʿna-ʿli phao?* Où courez-vous si vite?

181. On a vu, en commençant, que, dans toute phrase mandarine, les expressions modificatives précèdent celles auxquelles elles s'appliquent; ainsi, l'adverbe se met généralement avant le verbe ou avant l'adjectif qu'il modifie, mais il y a de nombreuses exceptions à cette règle; on les indiquera tout à l'heure :

182. Les adverbes de temps précèdent les adverbes de lieu :

你天天在那裏吃早飯。有幾次在家裏。比方放學的日子。但多一半在店裏吃 *ʿNi thièn-thièn tsaï'-ʿna-ʿli tchĭ-ʿtsao-fan'? — ʿYéou ʿki-thseu' tsaï'-kia-ʿli, pi'-fang fang-hiŏ-tĭ jĭ-ʿtseu; tan to ĭ-pan' tsaï'-tièn'-ʿli tchĭ.* Où déjeunez-vous chaque jour? — Quelquefois à la maison, par exemple, les jours de congé; mais, la plupart du temps, je déjeune à l'hôtel.

183. Les adverbes de lieu, de temps et de manière, se placent avant le verbe :

ADVERBES DE LIEU.

從那裏來 *Thsoung-ʿna-ʿli laï?* D'où venez-vous?
那裏去 *ʿNa-ʿli khiu'?* Où allez-vous?
處處都在 *ʿTchhou-ʿtchhou tou tsaï'.* Il est partout.

ADVERBES DE TEMPS.

如今用什么工夫 *jou-kin young' chĭ-ʿmo koung-fou?* Que faites-vous maintenant?
把你的字典借給我。明天還你 *ʿPa ʿni-ti tseu'-ʿtièn tsiè' ki ʿouo, ming-thièn hoan-ʿni.* Prêtez-moi votre dictionnaire, je vous le rendrai demain.

你頭一次上學房爲什么沒有拿來 *ʿNi theou-ĭ-thseu' ʿchang-hio-fang wei' chĕ-ʿmo mŏu-ʿyéou-na-laï?* Pourquoi ne l'avez-vous pas apporté la première fois que vous êtes venu à l'école?

ADVERBES DE MANIÈRE.

常常下雨 *Tchhang-tchhang ʿhia-ʿiu.* Il pleut continuellement.

全懂得 *Thsiouèn ʿtoung-tĕe.* Je comprends parfaitement.

日子慢慢長了 *Ji-ʿtseu man'-man' tchang-ʿleao.* Les jours croissent tout doucement.

184. L'adverbe de manière se place quelquefois après les verbes; il donne alors plus de force à leur signification :

打掃乾乾淨淨 *ʿTa-ʿsao kan-kan tsing'-tsing'.* Balayez proprement (comme il faut).

185. L'adverbe de manière peut encore se placer après le verbe, quand cet adverbe est négatif ou quand il est modifié par un autre adverbe :

念的不清楚 *Nièn'-tĭ poŭ thsing-ʿthsou.* Vous n'avez pas lu correctement.

你說清楚一點兒 *ʿNi choŭe thsing-ʿthsou ĭ-ʿtièn-eul.* Parlez un peu plus clairement.

186. 恨 *hèn'*, très, excessivement, se met avant l'adjectif ou avant l'adverbe qu'il modifie; mais, si cet adjectif ou cet adverbe est suivi de la particule 的, *hèn'* se place à la fin :

恨少 *hèn'-ʿchao*, très-peu;

恨多 *hèn'-to*, beaucoup, *very much*.

多的恨 *to-tĭ-hèn'*, beaucoup;

好看的恨 *'hao-khan'-tĭ-hèn'*, très-beau.

這夏天熱的恨 *Tche'-hia'-thièn jĕ-tĭ-hèn'*. Nous avons un été bien chaud.

187. 利害 *'li-haï'*, pris comme adverbe, répond à nos mots *prodigieusement*, *horriblement*, et se met après l'adjectif:

身上熱的利害 *Chin-chang' jĕ-tĭ 'li-haï'*. J'ai horriblement chaud.

188. 好 *'hao*, bien, rejeté à la fin des phrases, a rarement le sens adverbial :

你我在此好 *'Ni-'ouo tsaï'-'thseu 'hao*. Vous et moi, nous serons bien ici.

我們在這裏不好 *'Ouo-men tsaï'-tche'-'li poŭ-'hao*. Nous ne sommes pas bien ici.

這樣好 *Tche'-yang' 'hao*. C'est bien comme cela.

189. Les adverbes de quantité se placent avant le verbe:

多謝你納 *To-siè' 'ni-na*. Je vous remercie beaucoup.

差不多一百个人 *tchha-poŭ-to ĭ-pĕi-ko' jin*, environ cent personnes.

多少錢一斤 *To-'chao thsièn ĭ-kin?* Combien la livre?

190. Contrairement à la règle générale, l'adverbe interrogatif se met toujours après le verbe :

下雨么 *'Hia-'iu 'mo?* Pleut-il?

你信天主么 *'Ni sin' thièn-'tchou 'mo?* Croyez-vous en Dieu?

有許多的時候你學中國話么 *ˋYeou ˋhiu-to-tĭ chi'-heou' ˋni hïo-tchoung-koŭe-hoa' ˋmo?* Y a-t-il longtemps que vous étudiez le chinois?

191. On fait quelquefois l'ellipse de l'adverbe interrogatif 么 *ˋmo* :

好嗎你納 *ˋHao-ma' ˋni-na?* Vous portez-vous bien?
這向好 *Tche'-hiang'-ˋhao?* Vous êtes-vous bien porté?

192. 怎么樣 *tsèn-ˋmo-yang'*, comment, se place quelquefois à la fin des phrases :

你看這个花園怎么樣 *ˋNi-khan' tche'-ko' hoa-youèn tsèn-ˋmo-yang'?* Comment trouvez-vous ce jardin?
天氣怎么樣 *Thièn-khi' tsèn-ˋmo-yang'?* Quel temps fait-il?

193. Les pronoms interrogatifs 誰 *choui*, qui? quel? quelle? 什么 *chi-ˋmo*, quelle chose? quoi? se placent tantôt au commencement, tantôt à la fin de la phrase :

誰同你在那裏 *Choui thoung ˋni tsai' na'-ˋli?* Qui est-ce qui était avec vous?
你是誰 *ˋNi chi' choui?* Qui êtes-vous?
什么是原罪 *Chi-ˋmo chi' youèn-tsoui'?* Qu'est-ce que le péché originel?
聖體是什么 *Cheng'-ˋthi chi' chi-ˋmo?* Qu'est-ce que l'Eucharistie?

194. 什么 *chi-ˋmo* est souvent un substantif ou un adjectif indéfini, que l'on peut rendre en français par les mots nul, aucun :

有什么新。不知道什么。 *ˋYeou chi-ˋmo sin? — Poŭ tchi-tao' chi-ˋmo.* Quelle nouvelle y a-t-il? — Je ne sais rien.

說了什么。沒有說什么 *Choŭe-ˋléao chĭ-ˋmo? — mŏu-ˋyéou-choŭe chĭ-ˋmo.* Qu'avez-vous dit? — Je n'ai rien dit.

沒有什么要緊 *Moŭ-ˋyéou chĭ-ˋmo yao'-ˋkin.* Je n'en ai aucun besoin.

195. Il y a une manière d'interroger, sans faire usage de l'adverbe 么 *ˋmo*, ni des pronoms interrogatifs 誰 *choui*, 什么 *chi-ˋmo*; elle consiste à répéter le verbe, la première fois affirmativement et la seconde négativement :

要不要 *Yao' poŭ-yao'?* Voulez-vous?

知道不知道 *Tchi-tao' poŭ-tchi-tao'?* Savez-vous?

196. 不 *poŭ*, la négative la plus commune, se met toujours avant les adjectifs et avant les verbes; elle ne s'applique jamais au verbe auxiliaire 有 *ˋyéou*, avoir :

不懂得是什么意思 *Poŭ ˋtoung-tĕe chi' chĭ-ˋmo i'-sse'.* Je ne sais pas ce que cela signifie.

我還沒有去過 *ˋOuo hoan mŏu-ˋyéou-khiu'-kouo'.* Je n'y suis pas encore allé.

也不醜。也不好看 *ˋYè poŭ-ˋtchheou, ˋyè pŏu-ˋhao-khan'.* Elle n'est ni laide ni belle.

如今沒有打仗 *Jou-kin moŭ-ˋyéou ˋta-tchang'.* Il n'y a plus de guerre.

SYNTAXE DES PRÉPOSITIONS ET DES POSTPOSITIONS.

197. Les rapports exprimés par la préposition, c'est-à-dire par la particule qui se place avant son complément, sont, en général, des rapports de cause, de tendance, d'union, de simultanéité, de conformité, de proximité :

人說他被家人告訴了 *Jin-choŭe tha pi' kia-jin kao'-sou'-ˋliao.* On dit qu'il a été averti par les domestiques.

從蘇州到北京 *thsoung Sou-tcheou tao' Pĕi-king* de Sou-tcheou à Péking.

替老妳妳說 *thi' 'lao-'naï-'naï choüe*, dites à madame.....

198. Les rapports exprimés par la postposition, c'est-à-dire par la particule qui se place après son complément, sont, en général, des rapports de lieu, de situation, d'ordre et de temps :

京報上有什么 *King-pao' chang' 'yéou chĭ-'mo?* Qu'y a-t-il dans la gazette de Péking?

吃飯後。我總要走得這么三五十步 *Tchĭ-fan' heou', 'ouo 'tsoung yao' 'tseou-tĕe tche'-'mo san-'ou-chĭ pou'.* J'ai l'habitude de faire une petite promenade après mon dîner.

就是在天主臺前。當獻的經 *Tsiéou'-chi' tsaï' thiēn-'tchou-thaï thsièn, tang hièn'-tĭ king.* Ce sont des prières qu'il faut réciter (offrir) devant l'autel.

199. Les locutions prépositives se placent toujours avant les mots qu'elles régissent :

按着他說了 *ngan'-tchŏ tha choüe-'léao*, selon ce qu'il a dit.

除了這个 *tchhou-'léao tche'-ko'*, hormis cela.

鞋子在床低下 *Hiai-'tseu tsaï'-tchhouang ti-hia'*. Les souliers sont sous le lit.

SYNTAXE DES CONJONCTIONS.

200. Les copulatives, que l'on trouve quelquefois dans la langue écrite, n'existent point dans la langue parlée. La parole est plus prompte que l'écriture, et, suivant la remarque de Dumarsais, l'empressement d'énoncer ce que

l'on conçoit fait supprimer les conjonctions, notamment les copulatives :

麵頭奶子奶油乳餅課子 *mièn'-theou, 'naï-'tseu, 'naï-yéou, 'jou-'ping, 'kouo-'tseu*, du pain, du lait, du beurre, du fromage et des fruits.

201. Comme les substantifs, les verbes à compléments inséparables ne sont unis entre eux par aucune copulative :

人該當學作樂射箭御車寫字算法讀書 *Jin kaï-tang hïo tsŏ-yŏ, che'-tsièn', iu'-tchhe, 'siei-tseu', souan'-fă, toŭ-chou.* On doit apprendre à jouer des instruments, à tirer des flèches, à conduire un char, à écrire, à calculer et à lire.

202. Après une énumération, on se sert ordinairement de la particule 都 *tou*, tous, qui marque la pluralité ou l'universalité :

教化皇。主教。神父都有赦罪的權 *Kiao-hoa'-hoang, 'tchou-kiao, chin-fou', tou 'yéou che'-tsoui'-tĭ khiouèn.* Le pape, les évêques et les prêtres ont le pouvoir de remettre les péchés.

如今的中堂們。尙書。侍郎都好。都有本事 *Jou-kin-tĭ tchoung-thang-men, chang'-chou, chi'-lang tou 'hao, tou 'yéou 'pen-sse'.* Aujourd'hui, les ministres du cabinet, les présidents et les vice-présidents des cours suprêmes sont tous des hommes de bien, des hommes habiles dans les affaires.

203. Les conjonctions circonstancielles *quand*, *lorsque*, sont toujours sous-entendues :

我從前在北京見過育嬰堂 *'Ouo thsoung-thsièn tsaï' Pei-king, kièn'-kouo' iu-ing thang.* Lorsque j'étais à Péking, j'ai visité l'hospice des enfants

我們看完了。後來能說一定 *'Ouo men khan'-wan-'léao, heou'-laï neng choŭe ĭ-ting'.* Quand nous l'aurons vu, nous pourrons en parler avec certitude.

到了睡覺的時候。 *Tao'-'léaochoui'-kiao'-tichi-heou'.* Quand il sera temps de se mettre au lit.

204. Les conjonctions alternatives, adversatives, causatives et conditionnelles, sont presque toujours exprimées :

1. CONJONCTIONS ALTERNATIVES.

或是民人。或是皇上 *Hŏe-chi' min-jin; hŏe-chi' hoang-chang'.* C'est le peuple ou l'Empereur.

或犯罪過。或臨險。或害病 *hŏe-fan'-tsoui' kouo', hŏe lin-'hièn, hŏe haï'-ping'*, ou quand on a péché, ou quand on se trouve dans le danger, ou quand on est malade.

2. CONJONCTIONS ADVERSATIVES.

好是好。但喫烟更好 *'Hao chi' 'hao; tan' tchu-yèn keng' 'hao.* Cela n'est pas mauvais; mais le tabac à fumer vaut encore mieux.

雖然待我不好 *soui-jèn taï' 'ouo pòu-'hao*, quoiqu'il me traite mal.

你們國中有船么。有。到低小 *'Ni-men koŭe tchoung 'yéou tchhouèn 'mo? — 'Yéou, tao'-ti 'siao.* Y a-t-il des navires dans votre pays? — Oui, mais ils sont petits.

3. CONJONCTIONS CAUSATIVES.

既然如此 *ki'-jèn jou-'thseu*, puisqu'il en est ainsi.

所以我不給你送信 *'So-'i 'ouo pou ki 'ni soung'-sin'.* C'est pourquoi je ne vous ai pas écrit.

爲什么要去拜望他 *Weï' chi-'mo yao' khiu' paï'-wang' tha?* Pourquoi voulez-vous lui faire une visite?

小心強盜。因爲那个地方這些人

多。我們知道。故此早些回家 *ʿSiao-sinʿkhiang-tao'; in-weï' na'-ko' ti'-fang tche'-siè jin to. — ʿOuo-men tchi-tao'; kou'-ʿthseu ʿtsao-siè hoeï-kia.* Prenez garde aux voleurs, car il y en a beaucoup dans le pays. — Nous le savons; c'est pourquoi nous rentrons toujours d'assez bonne heure.

4. CONJONCTIONS CONDITIONNELLES.

知縣若不肯 *tchi-hièn' joŭ poŭ ʿkheng*, si le chef du district ne le veut pas;

若沒有什么阻擋 *joŭ mŏuʿyéou chĭ-ʿmoʿtchou-tang'*, s'il n'y a point d'obstacle;

他若比我大十歲 *tha joŭ pi' ʿouo ta' chĭ soui'*, s'il est plus âgé que moi de dix ans.

205. Les mots 不單 *pŏu-tan'*, 不單單的 *pŏu-tan'-tan'-ti*, 莫說 *mŏu-choŭe*, dans le premier membre de phrase, et 就是 *tsiéou'-chi'*, 也有 *ʿyè-ʿyéou*, dans le second, forment des locutions conjonctives, et répondent au français *non-seulement*, *mais encore* :

莫說別人。就是我也知道 *Moŭ-choŭe piĕi-jin, tsiéou'-chi' ʿouo-ʿyè tchi-tao'.* Non-seulement les autres, mais moi-même je le savais.

不單單的山西那一邊。在廣東也有 *Pou-tan'-tan'-ti Chan-si na'-ĭ pièn; tsaï' ʿKouang-toung ʿyè-ʿyéou.* Il y en a non-seulement dans le Chan-si, mais encore dans le Kouang-toung.

SYNTAXE DES INTERJECTIONS.

206. Les interjections et les locutions interjectives se trouvent presque toujours au commencement de la phrase :

罷了罷了。我不過說笑話 *Pa'-ʿléao! pa'-*

ʿléao! ʿouo poŭ-kouoʾ choŭe-ʿsiaoʾ-houʾ. Assez! assez! je n'ai dit cela que pour plaisanter.

噯呀我是什么東西。他家人又不認得我 *Aĭʾ-yaʾ! ʿouo chiʾ chĭ-ʿmo toung-si; tha kia-jin yéouʾ poŭ jinʾ tĕe ʿouo.* Ha! que suis-je donc? ses domestiques mêmes ne voudraient pas me recevoir, mot à mot, ne me reconnaîtraient pas.

阿彌陀佛不要死心 *A-mi-to-foe, pou-yaoʾ ʿsse-sin.* Au nom de Bouddha, ne vous découragez pas.

207. 好 *ʿhao*, au commencement d'une phrase ou d'un membre de phrase, exprime l'admiration, la surprise, l'aversion :

好大冷天 *ʿHao taʾ ʿleng-thièn!* Quel horrible froid!

大街上好熱鬧 *Taʾ-kiai changʾ, ʿhao jé-naoʾ!* Quel tintamarre dans les rues!

208. Les locutions 纔好了 *thsaï-ʿhao-ʿléao*, 就是了 *tsiéouʾ-chiʾ-ʿléao*, à la fin d'une phrase, peuvent être regardées comme des locutions interjectives :

他來纔好了 *Tha laï, thsaï ʿhao-ʿléao!* Oh! s'il venait!

等我穿上衣服就是了 *Tengʿ ouo tchhouèn-changʾ i-fòu; tsiéouʾ-chiʾ-ʿléao.* Très-bien, mais attendez que je m'habille.

209. Après 嗎 *maʾ*, la particule finale interrogative la plus usitée est 呢 *niʾ* :

可不是嗎 *ʿkho-poŭ-chiʾ maʾ?* n'est-ce pas?

你府上在這裏嗎。我改日再給你請安 *ʿNi ʿfou-changʾ tsaïʾ-tcheʾ-ʿli maʾ? ʿOuo ʿkaï-ji tsaïʾ ka ʿni ʿthsing-ʿan.* C'est ici que vous demeurez, n'est-ce pas? Je viendrai un autre jour vous présenter mes respects.

你不用費心嗎 *'Nì poŭ young' feï'-sin ma'.* Ne prenez aucune peine.

與我什么相干呢 *'Iu 'ouo chĭ-'mo siang-kan 'ni?* Est-ce que cela me regarde, hé?

Xᴱ SECTION.

DU LANGAGE DE LA CIVILITÉ.

210. Le langage de la civilité, 禮貌的話 *'li-mao'-ti-hoa'*, est à la langue commune, 平常的話 *phing-tchhang-ti-hoa'*, ce que le style épistolaire est à la langue écrite.

211. Rien de plus utile que le *'li-mao'-ti-hoa'*, dont les préceptes se confondent, à la Chine, avec les règles du savoir vivre. « On connaît les avantages du Kouan-hoa' ou de la langue mandarine, dit l'auteur du *Tcheng'-in-thsŏ-yao'*, mais on ignore, généralement, que ceux qui parlent le Kouan-hoa' ont encore une foule de locutions à apprendre, concernant la politesse et la civilité. 他只知道會說官話的好處不知道會說官話的人還有多少儀注禮貌 *Tha 'tchi tchi-tao' hoeï choue-kouan-hoa'-ti 'hao-'tchhou; poŭ tchi-tao' hoeï choue-kouan-hoa'-ti-jin hoan 'yéou to-'chao i-tchou' 'li-mao'.* »

212. Trois choses surtout distinguent le langage de la civilité du langage commun :

1° Les titres ou les qualifications 稱呼 *tchheng-hou;*

2° Les termes d'humilité ou de respect, qui remplacent les pronoms possessifs;

3° Certaines façons de parler ou certaines formules de politesse, 應酬的話 *ing'-tchheou-ti-hoa'.*

213. Comme les Chinois sont une nation très-polie, on doit s'attendre à trouver dans la langue mandarine un assez grand nombre de termes honorifiques et de qualifications respectueuses. On dit,

En parlant aux personnes en place et suivant le rang qu'elles occupent :

老爺 *ˊlao-yè* (*senex pater*);
大老爺 *ta'-ˊlao-yè* (*magnus senex pater*);
大人 *ta'-jîn* (*magnus vir*);
老先生 *ˊlao-siēn-seng* (*senex antea natus*).

Ces mots composés répondent à nos expressions *monsieur*, *monseigneur*, *votre excellence*.

On dit encore,

Aux personnes qui n'exercent pas les professions de la vie commune :

大爺 *ta'-yè* (*magnus pater*);

Aux gens de lettres et aux professeurs :

先生 *siēn-seng* (*antea natus*);

Aux marchands :

掌櫃的 *ˊtchang-kouei'-ti* (*præpositus thecæ nummariæ*);

Aux laboureurs :

大哥 *ta'-ko* (*magnus frater major*);

Aux artisans :

大師傅 *ta'-sse-fou'* (*magnus artifex*);

Aux hommes (en général) :

大爺們 *ta'-yè-men*, messieurs.

Aux femmes d'un âge avancé :

太太們 *thaï'-thaï'-men*, mesdames.

Aux femmes encore jeunes :

妳妳們 *'naï-'naï-men*, mesdames.

Aux filles :

姑娘們 *kou-niang-men*, mesdemoiselles.

Ces qualifications, d'autres encore, remplacent le pronom de la deuxième personne, dont il faut éviter l'emploi quand on s'adresse à des supérieurs ou même à des personnes d'un rang égal.

214. Les termes d'humilité ou de respect, qui remplacent, les premiers, nos adjectifs possessifs *mon*, *ma*, *mes*, et, les seconds, nos adjectifs *votre*, *vos*, varient selon le rang et la qualité des personnes; mais il est une règle universelle et qui s'applique à toutes les circonstances, la voici telle qu'on la trouve dans le *Tcheng'-in-thsö-yao'* : 大約稱人俱加一令字. 自稱用個家字舍字敝字 « En général, quand on s'adresse aux autres, il faut toujours employer le terme 令 *ling'*, noble; quand on parle de soi, il faut employer les termes 家 *kia*, maison, 舍 *che'*, logis, 敝 *pi'*, humble. » Exemples :

令尊 *ling'-tsun*, monsieur votre père;
令堂 *ling'-thang*, madame votre mère;

令叔 *ling'-chŏu*, monsieur votre oncle;
令郎 *ling'-lang*, monsieur votre fils, etc.

Mais les termes honorifiques dont on se sert communément varient et ne se ressemblent pas toujours, 官常稱呼自有不同 *kouan-tchhang tchheng-hou tseu' 'yéou pŏu-thoung*. Ainsi, les mots 老 *'lao*, vieux, 貴 *kouei'*, illustre, 尊 *tsun*, honorable et 高 *kao*, haut, se prennent dans le même sens que 令 *ling'*, noble, et sont encore plus respectueux :

老人家 *'lao-jin- kia*, mon cher monsieur;
老太太 *'lao-thaï'-thaï'*, madame;
老妳妳們 *'lao-'naï-'naï-men*, mesdames;
老張 *'lao-Tchang*, M. Tchang } En parlant à un régisseur, à un surveillant, à un gardien, à un portier, etc.
老李 *'lao 'Li*, M. 'Li }

貴姓 *kouei'-sing'*, votre nom;
貴國 *kouei'-koŭe*, votre royaume;
貴庚 *kouei'-keng*, votre âge;
貴馬 *kouei'-'ma*, votre cheval;
貴府 *kouei'-'fou*, votre ville.

尊名 *tsun-ming*, votre nom;
尊駕 *tsun-kia'*, votre seigneurie (*votre char*);
尊筆 *tsun-pi*, votre pinceau (au propre).

高姓 *kao-sing'*, votre nom;
高見 *kao-kièn'*, votre opinion;
高筆 *kao-pi*, votre pinceau (au figuré), etc.

215. D'un autre côté, les expressions 家 *kia*, maison, 舍 *che'*, logis, 敝 *pi'*, humble, servent à remplacer nos adjectifs possessifs *mon*, *ma*, *mes* :

家父 *kia-fou'*, mon père;
家兄 *kia-hioung*, mon frère aîné;
舍弟 *che'-ti'*, mon frère cadet;
舍姪女 *che'-chi-ʿniu*, ma nièce, etc.

216. 賤 *tsiën'*, vil, se prend dans le même sens que 敝 *pi'*, humble.

敝姓 *pi'-sing'*, mon nom de famille;
敝處 *pi'-ʿtchhou*, mon pays;
賤名 *tsiën'-ming*, mon nom;
賤房 *tsiën'-fang*, ma chambre ou ma femme, etc.

217. Les formules de politesse *ing'-tchheou-ti-hoa'*, ou les manières honnêtes de parler, de converser avec les autres, sont très-nombreuses dans le *ʿLi-mao'-ti-hoa'*, par la raison que les Chinois, selon la remarque de Montesquieu, ont donné aux règles de la civilité la plus grande étendue. Fourmont, dans sa Grammaire, ne consacre pas moins de soixante et une pages au langage de la civilité. Cependant, le *ʿLi-mao'-ti-hoa'* n'est autre chose que la langue de la conversation, mais de la conversation avec ce qu'elle a de plus élevé et de plus délicat pour un Chinois, de plus fade quelquefois et de plus exagéré dans les termes pour un Européen. A la Chine, un bachelier, un étudiant peut discerner sur le champ ce qui convient par rapport aux circonstances où il se trouve, à la qualité des personnes, 隨時按身分出口 *soui-chi' an-chin-fen tchhou-ʿkheou* ; un Eu-

ropéen ne peut acquérir la connaissance de toutes ces formules que par une lecture assidue des romans et des pièces de théâtre. Voici quelques locutions de ce genre :

違教得恨了 *Weï-kiao tĕe-hèn' 'léao.* Il y a longtemps que je ne vous ai vu.

久仰了 *'Kiéou-'niang-'léao.* Depuis longtemps j'aspirais à l'honneur de vous voir.

豈敢 *'Khi-'kan*
不敢 *Poŭ-'kan*
不敢當 *Poŭ-'kan-tang*
Vous me comblez d'honnêtetés; vous me rendez confus.

短禮得恨了 *'Touan-'li tĕe-hèn'-'léao.* Je suis confus de mon incivilité.

一路平安 *ĭ-lou'-phing-'an!* bon voyage!

好說 *'Hao-choŭe.* Vous avez trop de bonté

托賴老爺的恩 *Thŏ-laï'-'lao-yè-ti-'èn* ou 托你老人家的福 *Thŏ-'ni-'lao-jin-kia-tĭ-fŏu.* Je vous rends mille grâces.

蒙過獎了 *Meng-kouo'-'tsiang-'léao.* Je vous remercie de vos paroles obligeantes.

有什么好謝 *'Yéou chi-'mo 'hao-siè'.* Il n'y a pas de quoi me remercier.

請上坐 *'Thsing-'chang-tso'.* Prenez, je vous prie, la première place.

借光先生 *Tsiei'-kouang siēn-seng.* Oserais-je vous demander...?

承你費心 *Tchheng-'ni-feï'-sin.* Je vous ai donné bien de la peine.

不敢勞駕 *Poŭ-'kan-lao-kia'.* Je n'ose pas vous importuner.

請了請了 *'thsing-'léao, 'thsing-'léao!* adieu, adieu!

你納請 *'Ni-na-'thsing.* Portez-vous bien.

再見 *tsaï'-kièn'*, au revoir.

明日再見 *ming-jĭ-tsaï'-kièn'*, à demain.

不送了 *Poŭ-soung'-'léao.* Je ne vous reconduis pas.

218. On comprend maintenant la différence qui subsiste entre le *'Li-mao'-tĭ-hoa'* et le *Phing-tchhang-tĭ-hoa'*; le premier est infiniment plus noble que le second. Ainsi, au lieu de dire simplement et naturellement 你有幾个兒子 *'ni 'yéou 'ki-ko' eul-'tseu?* Combien avez-vous de fils? dans le langage de la civilité, il faut dire: 你納有幾位令郎 *'ni-na 'yéou 'ki-weï' ling'-lang?* Au lieu de dire 你的父親母親都好么 *'ni-tĭ fou'-thsin 'mou-thsin tou 'hao 'mo?* Comment se portent votre père et votre mère? il faut dire: 令尊大人令堂太太都納福阿 *ling'-tsun-ta'-jin ling'-thang thaï'-thaï' tou nă-fou ah?*

Nous terminerons ce que nous avions à exposer par un exemple tiré du *Tcheng'-in-thsŏ-yao'*. Cet exemple montrera comment on interroge et comment on répond:

駕上貴省阿。豈敢。敝省是廣東。貴府呢。廣州府。貴縣呢。順德縣。府上在那裏呢。寒舍在桂洲鄉外村。𠺝呀原來是桂洲嗎。久仰了。聽見桂洲實在好地方。

A. *Kia'-chang' koueï'-'seng ah?*—B. *'Khi-'kan! Pi'-'seng chi' 'Kouang-toung.* — A. *Koueï'-'fou ni?* — B. *'Kouang-tcheou-'fou.* A. *Koueï'-hièn' ni?* — B. *Chun'-tĕe-hièn'.* — A. *'Fou-chang' tsaï' 'na-'li ni?* — B. *Han-che' tsaï' Koueï-tcheou hiang-waï' thsun.* — A. *Aï'-ya'? youèn-laï chi' Koueï-tcheou ma'. 'Kièou-'niang-'léao; thing-kièn' Koueï-tcheou chĭ-tsaï' 'hao tĭ'-fang.*

A. De quelle province est Votre Excellence? — B. Je ne sais comment répondre à tant de politesses; je suis du 'Kouang-toung. — A. Quel est votre département? — B. 'Kouang-tcheou-'fou (Canton). — A. Votre district? — B. Chun'-tee. — A. Où demeurez-vous? — B. Dans un petit village, près de Koueï-tcheou. — A. Près de Koueï-tcheou! J'aspirais depuis longtemps à l'honneur de voir Votre Excellence. J'ai entendu dire que Koueï-tcheou est vraiment un très-beau pays.

XIe SECTION.

PARALLÈLE DU STYLE MODERNE ET DU KOUAN-HOA'.

219. Si le 'Li-mao'-ti-hoa' ou le langage de la civilité s'éloigne déjà du Kouan-hoa' ou de la langue commune, la différence entre le Kouan-hoa' et le style moderne est encore plus marquée. Ainsi :

1° Les mots vraiment monosyllabiques, dont on fait usage dans les deux idiomes, ne se ressemblent pas toujours;

2° A la place de ces ingénieuses et systématiques agrégations, dont j'ai présenté les règles, et qui constituent, pour la plus grande partie, le matériel des mots dans le Kouan-hoa', les substantifs, les adjectifs, les verbes, les adverbes, on trouve, il est vrai, dans le style moderne ou dans les romans, des mots composés; mais les procédés au moyen desquels on les forme, ne paraissant assujettis à aucune loi, à aucune règle, à aucune méthode, doivent être envisagés comme très-incertains.

Conséquemment, les ressemblances lexicologiques entre les deux idiomes sont nulles ou presque nulles dans beaucoup de cas:

3° Quant aux affinités grammaticales, il faut reconnaître que les relations des mots, indiquées dans les langues européennes par un assez grand nombre de flexions, s'expriment dans les deux idiomes par l'emploi des particules. Un tel système tient, sans doute, à la constitution des idiomes chinois en général. Cependant, à ne voir que le matériel du langage, il n'y a guère d'affinité. Chacun de ces idiomes a des particules qui lui sont propres; ils ne se ressemblent tous que par la grammaire.

4° Dans la langue mandarine, on ne trouve rien de ce que les Chinois appellent 文法 *wen-fă*, art du style, aucune figure de rhétorique, aucune de ces façons de parler qui donnent de l'élégance au discours. Il est donc visible que le Kouan-hoa' est moins noble, mais plus clair, plus naturel et plus simple que le style moderne.

220. L'examen comparatif du style moderne et du Kouan-hoa' est, dans la philologie chinoise, un point essentiel et très-important. M. Abel Rémusat, dans ses *Éléments de la grammaire chinoise*, IIe partie, n'ayant point discerné le vrai caractère du chinois, tel qu'on le parle, et n'ayant connu que le style moderne, nous pouvons choisir ses propres exemples pour objets de comparaison. Nous en rapporterons un assez grand nombre (vingt-cinq) qui ont été mis en Kouan-hoa' par Wang ki-yè, et nous signalerons, sans les discuter, les formes distinctives et caractéristiques des deux idiomes.

I.

STYLE MODERNE.

吾欲選擇佳婿 *'Ou yo siuèn-thsĕ kia-si'*. Je souhaite de choisir un bon gendre (Abel Rémusat, *Gramm. chin.*, p. 17).

LANGUE MANDARINE.

我願意找个好女婿 *'Ouo youèn'-i' 'tchao ko' 'hao 'niu-si'*. Je souhaite de choisir un bon gendre.

Youèn'-i', souhaiter, verbe composé de la 2e classe; *'tchao-'niu-si'*, prendre un gendre, verbe à complément inséparable de la 3e classe; *'niu-si'*, gendre, substantif de la 5e classe.

2.

STYLE MODERNE.

小弟豈不曉得 *'Siao-ti' 'khi pŏu 'hiao-tĕe?* Comment ne le saurais-je pas? (*Gramm. chin.* p. 118.)

L'adverbe interrogatif *'khi*, *quomodo*, n'existe que dans les livres.

LANGUE MANDARINE.

小弟怎么不曉得 *'Siao-ti' 'tsèn-'mo pŏu 'hiao-tĕe?* Comment ne le saurais-je pas?

Façon de parler très-commune aux étudiants. Au lieu d'employer le pronom de la 1re personne, on se désigne soi-même par le titre de *'siao-ti'*, *parvus frater minor; 'hiao-tĕe*, savoir, verbe composé de la 1re classe.

3.

STYLE MODERNE.

方知晚生不是面欺 *Fang tchi 'wan-seng pŏu chi' mièn'-khi.* Vous verrez alors que je n'ai pas le visage trompeur. (*Gramm. chin.* p. 118.)

Fang, *tunc*, adverbe simple; *tchi*, *scire*, verbe élémentaire et radical. *'Wan-seng*, *tarde natus*, est une formule d'humilité qui remplace, dans cette phrase, le pronom de la 1re personne. *Mièn'-khi, facie deceptor*, est une expression élégante.

LANGUE MANDARINE.

這纔知道我不是說謊 *Tche'-thsaï tchi-tao' 'ouo pŏu chi' choŭe-'hoang.* Vous verrez alors que je ne suis pas un menteur.

Tche'-thsaï, tout à l'heure, adverbe de temps; *tchi-tao'*, savoir, verbe composé de la 2e classe; *choŭe-'hoang*, mentir, verbe à complément inséparable de la 3e classe, pris substantivement.

4.

STYLE MODERNE.

小的已曰出門拜客 *'Siao-tĭ 'i-yŭei tchhŏu-men paï'-khĕ.* Je lui avais dit que vous étiez sorti pour faire des visites. (*Gramm. chin.* p. 118.)

Paroles que l'auteur du Iu-kiao-li met dans la bouche d'un domestique; néanmoins, la locution *'i-yŭei, dixeram*, est une locution de la langue savante.

LANGUE MANDARINE.

我說過出門拜客 *'Ouo choŭe-kouo' tchhŏu-men paï'-khĕ.* J'ai dit que vous étiez sorti pour faire des visites.

'Ouo-choue-kouo', j'ai dit, 1re personne du passé indéfini. *Tchhou-men*, sortir, et *paï-khe*, *visitare hospites*, sont des verbes à complément inséparable de la 3e classe.

5.

STYLE MODERNE.

二仁兄靑年美才 *Eul'-jin'-hioung thsing-nièn 'mei-*

thsaï. Vous êtes tous deux à la fleur de l'âge et doués du plus beau talent. (*Gramm. chin.* p. 120.)

Eul-jin'-hioung, duo pii fratres majores, est une formule du *'Li-mao'-tĭ-hoa'*. Les expressions élégantes *thsing-nièn, florente ætate*, et *'meï-thsaï, eximiis dotibus præditi*, ne s'emploient guère que dans les romans.

LANGUE MANDARINE.

你們二位年少。又有學問 *'Ni-men eul'-weï' nièn-'chao; yéou' 'yéou hĭo-wen'.* Vous êtes jeunes tous les deux; vous avez du talent.

Nièn-'chao, jeune, est un adjectif composé; *hio-wen'*, talent, est un substantif de la 4e classe. On remarquera que la première proposition est elliptique.

6.

STYLE MODERNE.

我勸賢契息了念頭罷 *'Ouo khiouèn' hièn-khi' sĭ-'léao nièn'-theou pa'.* Je vous engage à abandonner votre projet. (*Gramm. chin.* p. 120.)

Hièn-khi', sapiens amicus, est une qualification respectueuse, au moyen de laquelle on évite le pronom de la 2e personne; *nièn'-theou*, pensée, projet, est un substantif composé de la 2e classe.

LANGUE MANDARINE.

我勸你死了心罷 *'Ouo khiouèn' 'ni 'sse-'leao-sin pa'.* Je vous engage à abandonner votre projet.

'Sse-sin, abandonner un projet, est un verbe composé de la 3e classe.

7.

STYLE MODERNE.

人來奉請大駕 *Jin laï 'foung-'thsing ta'-kia'*. Quelqu'un est venu vous inviter. (*Gramm. chin.* p. 121.)

Ta'-kia', *magnus currus*, est une qualification très-respectueuse; on s'en sert en parlant aux personnes en place.

LANGUE MANDARINE.

人來請大駕 *Jin laï 'thsing ta'-kia'*. Quelqu'un est venu vous inviter.

Le verbe *'thsing*, inviter, s'emploie seul dans le style de la conversation: par conséquent, *'foung*, *offerre*, devient inutile.

8.

STYLE MODERNE.

寒舍去此僅十七八里 *Han-che' khiu' 'thseu kin' chĭ-thsĭ-pă 'li*. Ma maison est à peine à dix-sept ou dix-huit li d'ici. (*Gramm. chin.* p. 125.)

Han-che', *frigida domus*, est une formule d'humilité. *Khiu'*, signifiant *abest*, ne se trouve que dans les livres. On ne fait jamais usage de l'adverbe *kin'*, *vix*, dans la langue parlée. Quant au monosyllabe *'li*, dixième partie d'une lieue, il se joint ordinairement au monosyllabe *ti'*, terre, avec lequel il forme un mot composé.

LANGUE MANDARINE.

我家離這裏差不多十七八里地 *'Ouo kia li tche'-'li tchha-pou-to chi-thsi-pa 'li-ti'*. Ma maison est à peu près à dix-sept ou dix-huit li d'ici.

Tchha-poŭ-to, à peu près, est une locution adverbiale très-commune.

9.

STYLE MODERNE.

兩婦對門而居。甲問乙曰 *ʿLéang fouʾ touiʾ-men eul kiu; kia-wenʾ, ĭ-yŭei*. Deux femmes demeuraient porte à porte; l'une demanda à l'autre... (*Gramm. chin.* p. 129.)

Voilà du style ancien, si jamais il en fut; il y a quelques méprises de ce genre dans la Grammaire de M. Abel Rémusat; on s'est permis, ailleurs, d'en relever une, qui est plus singulière.

LANGUE MANDARINE.

二女人對門住。大的問小的說 *Eulʾ ʿniu-jin touiʾ-men tchouʾ; taʾ-tĭ wenʾ ʿsiao-tĭ chŏue*. Deux femmes demeuraient porte à porte; l'une demanda à l'autre...

On voit que la locution adverbiale *touiʾ-men*, porte à porte, existe dans la langue parlée. *Taʾ-tĭ*, la plus âgée, et *ʿsiao-tĭ*, la plus jeune, sont des adjectifs particulés.

10.

STYLE MODERNE.

是小夫人叫我暗暗送與小姐的 *Chiʾ ʿsiao-fouʾ-jin kiaoʾ ʿouo ʾan-ʾan soungʾ ʿiu ʿsiao-ʿtsiei tĭ*. C'est la jeune dame qui m'a dit de le porter secrètement à mademoiselle. (*Gramm. chin.* p. 129.)

LANGUE MANDARINE.

是小夫人叫我暗暗送給姑娘的 *Chi*

ʿsiao-fou'-jin kiao' ʿouo 'an-'an soung' kĭ kou-niang tĭ. C'est la jeune dame qui m'a dit de le porter secrètement à mademoiselle.

Kĭ, dare, est la marque du datif dans la langue parlée, comme *ʿiu, dare,* est la marque du datif dans la langue écrite. *Kou-niang,* mademoiselle, remplace la qualification *ʿsiao-ʿtsieï, parva soror major,* usitée dans le *ʿLi-mao'-ti-hoa'.*

11.

STYLE MODERNE.

我爲兄。他爲弟 *ʿOuo weï hioung; tha weï ti'.* Je suis l'aîné; il est le cadet. (*Gramm. chin.* p. 130.)

Cette petite phrase est composée de termes simples; *hioung, frater major; ti', frater minor.*

LANGUE MANDARINE.

我是哥哥。他是兄弟 *ʿOuo chi' ko-ko; tha chi' hioung-ti'.* Je suis l'aîné; il est le cadet.

On a vu (68) que le verbe substantif est *chi'. Ko-ko,* le frère aîné, est un terme familier et enfantin, formé par un monosyllabe redoublé; *hioung-tĭ,* le frère cadet, est un substantif composé de la 4e classe.

12.

STYLE MODERNE.

前日所聘定者實係氷心小姐 *Thsièn-ji ʿso-phing'-ting'-ʿtche. chĭ hi' Ping-sin ʿsiao-ʿtsieï.* Celle avec qui mon mariage a été conclu ces jours derniers est réellement mademoiselle Ping-sin. (*Gramm. chin.* p. 131.)

ʿSo-phing'-ting'-ʿtche, quam ducere determinatum quæ, est une locution du style antique.

LANGUE MANDARINE.

前日定的。原是水冰心 *Thsiên-jĭ ting'-tĭ, youèn chi' 'Choui Ping-sin.* Celle avec qui mon mariage a été conclu ces jours derniers est réellement 'Choui Ping-sin.

Ting'-tĭ, desponsata. Comme on bannit du discours les formules et les qualifications, tous les ornements du style, tout ce qui est prolixe pour y substituer le naturel, il en résulte que le langage familier est quelquefois plus concis que le style moderne.

13.

STYLE MODERNE.

將那女子救了出來 *Tsiang na' 'niu-'tseu kieou 'léao tchhŏu-laï.* Il délivra cette femme et la fit sortir. (*Gramm. chin.* p. 131.)

LANGUE MANDARINE.

把那女人救出來了 *'Pa na' 'niu-jin kieou' tchhou laï 'léao.* Il délivra cette femme et la fit sortir.

Le verbe auxiliaire *tsiang*, qui sert à marquer l'accusatif, est remplacé par le verbe auxiliaire *'pa*, prendre; le substantif *'niu-'tseu*, femme, par le substantif *'niu-jin*. Ce qu'il y a de remarquable encore, c'est que le signe du prétérit *'léao*, mis, dans la première phrase, après le verbe simple *kieou'*, délivrer, se trouve rejeté, dans la seconde, après le verbe composé de la 1re classe *tchhou-laï*, sortir.

14.

STYLE MODERNE.

容易入得來只是出不去 *Young'-i jŏu tee-*

laï, *'tchi-chi' tchhŏu pŏu khiu'*. Il est aisé d'y entrer, mais on n'en sort pas. (*Gramm. chin.* p. 135.)

LANGUE MANDARINE.

容易進來。就是難出去 *Young'-ĭ tsin'-laï, tsiéou'-chi' nan tchhŏu khiu'*. Il est aisé d'y entrer, mais il est difficile d'en sortir.

Les procédés au moyen desquels on forme les verbes de la 1re classe, comme *tsin'-laï*, entrer, et *tchhŏu-khiu'*, sortir, ne sont devenus réguliers que dans la langue mandarine. On sent tout ce qu'il y a d'artificiel et d'embarrassé dans les locutions du style moderne *joŭ-tĕe-laï*, *ingredi assequitur venire*, *tchhŏu-poŭ-khiu'*, *exire non it*.

15.

STYLE MODERNE.

看罷菊花 *khan'-pa' kĭo-hoa'*, après avoir regardé les reines-marguerites. (*Gramm. chin.* p. 135.)

Pa', *cessare*, est un verbe auxiliaire de la 1re classe.

LANGUE MANDARINE.

看完菊花 *khan'-wan-kĭo-hoa'*, après avoir regardé les reines-marguerites.

C'est le verbe auxiliaire *wan*, *finire*, qui remplace *pa'*.

16.

STYLE MODERNE.

莫若叫他作媒也罷 *Mŏu-jŏ kiao' tha tsŏ-meï 'yè-*

pa'. Il vaut mieux le charger d'être l'entremetteur de ce mariage. (*Gramm. chin.* p. 135.)

LANGUE MANDARINE.

莫若叫他作个媒人到好 *Mŏu-jŏ kiao' tha tsŏ-ko'-meï-jin tao'-ʿhao*. Il vaut mieux le charger d'être l'entremetteur de ce mariage.

Le substantif composé *meï-jin*, entremetteur, est mis à la place du substantif simple *meï*, *pronubus*; *tao'-ʿhao*, *adhuc bene*, à la place de *ʿye-pa'*, qui a le même sens.

17.

STYLE MODERNE.

打一恭受了 *ʿTa-ĭ-koung cheou'-ʿleao*. Elle le prit en faisant une révérence. (*Gramm. chin.* p. 135.)

ʿTa-ĭ-koung, *agens unam salutationem*, idiotisme formé avec le verbe auxiliaire *ʿta*.

LANGUE MANDARINE.

作一揖受下了 *Tsŏ-ĭ-ĭ cheou'-hia'-ʿleao*. Elle le prit en faisant une révérence.

Tsŏ-ĭ-ĭ, *agens unam salutationem*, au lieu de *ʿta-ĭ-koung*. On a vu (168) que les deux tiers au moins des idiotismes formés avec le verbe auxiliaire *ʿta* n'existent point dans la langue parlée.

18.

STYLE MODERNE.

飲了數盃 *ʿIn-ʿleao sou'-peï*. Il but plusieurs tasses. (*Gr. chin.* p. 135.)

LANGUE MANDARINE.

他嗑了幾盅 *Tha-hŏ-ʿléao ʿki-tchhoung*. Il but plusieurs tasses.

La structure de la phrase est presque toujours identique; les mots seulement diffèrent les uns des autres.

19.

STYLE MODERNE.

也曾蓄過幾個姬妾 *ʿYè tseng hiŏ kouoʾ ʿki-koʾ ki-thsiei*. Il avait entretenu chez lui plusieurs femmes du second rang. (*Gramm. chin.* p. 136.)

La marque du prétérit *tseng* et le verbe monosyllabique *hio*, *alere*, sont inusités dans la langue mandarine. *Ki-thsiei*, *pulchræ concubinæ*, appartient au *wen-fă*.

LANGUE MANDARINE.

也買過幾個小女人 *ʿYè ʿmaè-kouoʾ ʿki-koʾ ʿsiao-ʿniu-jin*. Il avait acheté plusieurs concubines. On peut dire aussi : 也收過幾個小女人 *ʿYè cheou-kouoʾ ʿki-koʾ ʿsiao ʿniu-jin*. Il avait entretenu chez lui plusieurs femmes du second rang.

ʿSiao-ʿniu-jin, concubine, est un adjectif composé de la 6ᵉ classe. On se sert quelquefois de l'expression 如夫人 *jou-fou-jin*, comme une épouse, pour désigner une femme du second rang.

20.

STYLE MODERNE.

今父親又將拜相 *Kin-fou-thsin yéouʾ tsiang paiʾ-*

siang'. De plus, son père sera honoré de la charge de ministre. (*Gr. chin.* p. 137.)

Tsiang est la marque du futur dans le style moderne.

LANGUE MANDARINE.

今父親又要拜相了 *Kin-fou'-thsin yéou' yao' pai' siang' 'léao.* De plus, son père deviendra membre du conseil des ministres.

Yao' est la marque du futur dans la langue parlée.

21.

STYLE MODERNE.

請寬了尊袍 *'Thsing khouan 'léao tsun-phao.* Quittez, je vous prie, votre manteau. (*Gramm. chin.* p. 138.)

Tsun-phao, honoratum pallium, est une forme du *'Li-mao' ti-hoa'*.

LANGUE MANDARINE.

你把袍子寬了 *'Ni 'pa phao-'tseu khouan 'léao.* Ôtez votre manteau.

Ici le substantif composé *phao-'tseu*, manteau, est placé avant le verbe *khouan*, ôter, dont il est le complément. Le verbe auxiliaire *'pa* est un préfixe.

22.

STYLE MODERNE.

休說這話 *Hiéou choüe tche' hoa'.* Ne dites pas ces sortes de choses. (*Gramm. chin.* p. 138.)

Hiéou est la marque du prohibitif dans la langue écrite

LANGUE MANDARINE.

別說這个話 *Piei choŭe tche'-ko' hoa'.* Ne dites pas ces sortes de choses.

Piei est la marque du prohibitif dans la langue parlée.

23.

STYLE MODERNE.

哥哥我的言語休要忘了 *Ko-ko, 'ouo-tĭ yèn 'iu hieou yao' wang-'leao.* Mon frère, n'oubliez pas ce que je vous dis. (*Gramm. chin.* p. 138.)

Hieou-yao' est encore une marque du prohibitif qui n'est pas usitée.

LANGUE MANDARINE.

哥哥我的話別忘了 *Ko-ko, 'ouo-tĭ hoa' pĭei wang-'leao.* Mon frère, n'oubliez pas ce que je vous dis.

24.

STYLE MODERNE.

別要信着 *Piei-yao' sin'-tchŏ.* Ne croyez pas cela. (*Gramm. chin.* p. 138.)

LANGUE MANDARINE.

別信這个 *Piei sin' tche'-ko'.* Ne croyez pas cela.

Il y a autant de mots dans une phrase que dans l'autre: mais le chinois, tel qu'on le parle, est infiniment plus clair.

25

STYLE MODERNE.

我恨不得剑出他的心肝把與狗

吃 *'Ouo hèn'-pŏu-tĕe khou tchhŏu tha tĭ sin-kan 'pa 'iu 'keou tchi!* Que ne puis-je lui arracher le cœur et le foie et les donner à dévorer aux chiens! (*Gramm. chin.* p. 139.)

LANGUE MANDARINE.

我恨不得剜出他的心肝給狗吃 *'Ouo hèn'-pŏu-tĕe wan-tchhŏu tha-tĭ sin-kan ki-'keou-tchi!* Que ne puis-je lui arracher le cœur et le foie et les donner à dévorer aux chiens!

Hèn'-pŏu-tĕe est la marque de l'optatif; *wan-tchhŏu*, arracher, est un verbe de la 1re classe: *sin-kan*, le cœur et le foie, est un substantif composé de la 4e classe, etc.

FIN

TABLE ANALYTIQUE.

INTRODUCTION.

Pages.

Véritable nature du Kouan-hoa' II

Les Chinois ne reconnaissent pas, dans la langue écrite et dans la langue parlée, deux langues différentes l'une de l'autre, mais deux formes de la même langue, l'une savante, l'autre vulgaire II

Il n'est pas vraisemblable que la langue des Tcheou ait été parlée dans la forme où nous la voyons écrite V

Du reproche d'homophonie qu'on adresse aux mots de la langue écrite . . V

Ce qui a manqué aux quatre premières dynasties V

Introduction de l'alphabet sanscrit dans l'empire chinois VI

Mode d'épellation nommé *thsieï-tseu'-fă* VI

Avantage que les lettrés retirèrent de la philologie comparée VII

Origine du Kouan-hoa' ou d'une langue commune VII

Kouan-hoa' du nord. Kouan-hoa' du midi VII

L'idiome qui est devenu le Kouan-hoa' a toujours été parlé VIII

Opinions de Ou Tan-jin et de Tcho Siang-lan sur la langue des anciens Chinois IX

Quelle langue parlait Confucius XI

Rapports de la langue écrite et de la langue parlée XII

La langue écrite ou la langue des livres n'est qu'un idiome artificiel et de convention : le mot écrit a sa forme, le mot parlé a la sienne XIII

Le Kouan-hoa marque la catégorie grammaticale à laquelle les mots appartiennent XIII

De ce que doit contenir une grammaire de la langue parlée XIV

Pages

Ordre dans lequel on combine les monosyllabes pour former des mots XV

Le monosyllabisme absolu est le propre de la langue écrite; le monosyllabisme relatif ou conditionnel est le propre de la langue parlée. XVII

Monosyllabes prédominants dans les mots composés.... XVII

Richesse lexicographique du chinois écrit.... XX

Nombre des mots qui existent dans le Kouan-hoa'.... XX

Du degré de culture auquel le Kouan-hoa' est parvenu dans le style moderne.... XXI

Dans quels cas les Chinois écrivent exactement comme ils parlent.... XXI

Examen comparatif des idiomes de la Chine.... XXII

A quelle catégorie appartiennent les mots qui diffèrent les uns des autres dans les dialectes.... XXIII

Théorie des mots, d'après les Chinois.... XXIII

Division des parties du discours.... XXIV

Classification de Pi Hoa-tchin.... XXV

Ordre et plan de cette grammaire.... XXVII

Prononciation.... XXVIII

Ire SECTION. DES SUBSTANTIFS.

NOMS PROPRES.

Noms de famille, surnoms.... 1

Sobriquets.... 2

Noms géographiques.... 3

Noms des dix-huit provinces de la Chine.... 4

Transcription des mots étrangers.... 5

Syllabaires de Khièn-loung.... 6

NOMS COMMUNS.

Substantifs formés de la réunion de deux ou de plusieurs monosyllabes qui s'agrégent.... 6

Substantifs de la première classe.... 7

Terminaison commune des substantifs.... 7

Substantifs de la deuxième classe

Pages.
Substantifs terminés en *theou*. 9
Substantifs terminés en *jin*, *fou* et *hou*. 9
Substantifs terminés en *tsiang* et *cheou*. 10
Rapports avec la langue écrite. 11
Noms d'arbres. 12
Noms de poissons. 12
Noms de minéraux. 12
Substantifs de la troisième classe. 13
Substantifs de la quatrième classe. 14
Substantifs de la cinquième classe. 16
Substantifs de la sixième classe. 18
Substantifs de la septième classe. 20
Substantifs auxiliaires et déterminatifs. 21
Du genre. 23
Du nombre. 24
Rapports des substantifs. 25
Paradigme d'une déclinaison chinoise. 25

IIe SECTION. — DES ADJECTIFS.

ADJECTIFS QUALIFICATIFS.

Adjectifs simples. 26
Adjectifs composés. 27
Propositions incidentes qui servent à qualifier les substantifs. 28
Locutions adjectives. 29
Adjectifs numéraux ou noms de nombre. 29
Nombres cardinaux. 29
Nombres ordinaux. 31
Nombres distributifs. 33
Adjectifs démonstratifs. 34

IIIe SECTION. — DES PRONOMS.

Pronoms personnels. 34
Pronoms particuliers. 35

Pag.
D'un pronom qui ne s'écrit pas 35
Pronoms réfléchis 36
Pronoms démonstratifs 36
Pronoms possessifs 36
Pronoms relatifs 37

IVe SECTION. — DES VERBES.

VERBES SIMPLES.

Du verbe substantif 37
Des verbes auxiliaires 38
Verbes auxiliaires de la première catégorie 38
Verbes auxiliaires de la deuxième catégorie 39

VERBES COMPOSÉS.

Verbes de la première classe 39
Verbes de la deuxième classe 40
Verbes de la troisième classe 42
Voix des verbes 43
Temps 43
Modes 45
Paradigme d'une conjugaison chinoise 46

Ve SECTION. — DES ADVERBES.

Adverbes de lieu 49
Adverbes de temps 50
Adverbes de manière 52
Onomatopées 53
Adverbes de quantité 54
Adverbes d'interrogation 55
Adverbes d'affirmation, de négation, de doute 55

VIe SECTION. — DES PRÉPOSITIONS ET DES POSTPOSITIONS.

Liste des prépositions, des postpositions et des locutions prépositives les plus usitées 56

VIIE SECTION. — DES CONJONCTIONS.

Pages.
Conjonctions disjonctives et alternatives........................ 58
Conjonctions adversatives........................ 58
Conjonctions causatives........................ 58
Conjonctions conditionnelles........................ 58

VIIIE SECTION. — DES INTERJECTIONS.

Des locutions interjectives et des particules finales................ 59

IXE SECTION. — SYNTAXE.

SYNTAXE DES SUBSTANTIFS.

Syntaxe des noms propres........................ 60
Affixes des noms propres........................ 60
Syntaxe des noms communs........................ 62
Rapports des substantifs........................ 63
Premier rapport (nominatif)........................ 63
Second rapport (génitif)........................ 64
Troisième rapport (datif)........................ 66
Quatrième rapport (accusatif)........................ 67
Cinquième rapport (instrumental)........................ 68

SYNTAXE DES ADJECTIFS.

Position de l'adjectif........................ 69
Terminaison de l'adjectif........................ 71
Degrés de comparaison........................ 72
Comparatif........................ 72
Superlatif........................ 74

SYNTAXE DES PRONOMS.

Manière de rendre nos pronoms indéfinis........................ 76

SYNTAXE DES VERBES.

Syntaxe des verbes auxiliaires........................ 78
Syntaxe des verbes attributifs........................ 82

SYNTAXE DES ADVERBES.

Pages

Syntaxe des adverbes de lieu, de temps et de manière 85

Syntaxe des adverbes de quantité, d'interrogation et de négation 87

SYNTAXE DES PRÉPOSITIONS ET DES POSTPOSITIONS.

Rapports exprimés par la préposition 89

Rapports exprimés par la postposition 90

SYNTAXE DES CONJONCTIONS.

Syntaxe des conjonctions alternatives, adversatives, causatives et conditionnelles 92

SYNTAXE DES INTERJECTIONS.

Des interjections et des locutions interjectives qui se trouvent au commencement ou à la fin d'une phrase 93

Ve SECTION. — DU LANGAGE DE LA CIVILITÉ.

Caractère de ce langage 95

Titres ou qualifications 96

Termes d'humilité ou de respect 97

Formules de politesse 99

Xe SECTION. — PARALLÈLE DU STYLE MODERNE ET DU KOUAN-HOÀ.

Différences caractéristiques 102

Exemples 103

FIN DE LA TABLE.

OUVRAGES DU MÊME AUTEUR.

THÉÂTRE CHINOIS, ou Choix de pièces de théâtre composées sous les empereurs mongols, traduites sur le texte original et précédées d'une introduction. Paris, Imprimerie royale, 1838, 1 vol. in-8°.

NOTICE DU CHAN-HAÏ-KING. Paris, Imprimerie royale, 1839. (Extrait du *Journal asiatique.*)

RÈGLEMENT D'ÉTUDES ET DE DISCIPLINE, à l'usage des écoles chinoises, traduit sur le texte original. Paris, Imprimerie royale, 1839. (Extrait du *Journal asiatique.*)

LE PI-PA-KI, ou Histoire du luth, drame chinois de Kao-toung-kia, représenté à Péking en 1404, avec les changements de Mao-tseu, traduit sur le texte original. Paris, Imprimerie royale, 1841, 1 vol in-8°.

MÉMOIRE SUR LES PRINCIPES GÉNÉRAUX DU CHINOIS VULGAIRE. Paris, Imprimerie royale. 1845. (Extrait du *Journal asiatique.*)

LE SIÈCLE DES YOUÊN, ou Tableau historique de la littérature chinoise, depuis l'avénement des empereurs mongols jusqu'à la restauration des Ming. Paris, Imprimerie nationale. 1850, 1 vol. in-8° de 514 pages. (Extrait du *Journal asiatique.*)

CHINE MODERNE, ou Description historique, géographique et littéraire, de ce vaste empire, d'après des documents chinois; seconde partie. Paris, 1853, imprimerie de Firmin Didot frères, éditeurs (de la page 391 à la page 672).

RECHERCHES SUR LES INSTITUTIONS ADMINISTRATIVES ET MUNICIPALES DE LA CHINE. Paris. Imprimerie impériale, 1856. (Extrait du *Journal asiatique.*)

RECHERCHES SUR L'ORIGINE, L'HISTOIRE ET LA CONSTITUTION DES ORDRES RELIGIEUX DANS L'EMPIRE CHINOIS. Paris, Imprimerie impériale, 1856. (Extrait du *Journal asiatique.*)

POUR PARAÎTRE PROCHAINEMENT DANS LE JOURNAL ASIATIQUE.

NOTICE HISTORIQUE SUR LE COLLÉGE MÉDICAL DE PÉKING, d'après le *Taï-thsing-hoeï-tien*

www.ingramcontent.com/pod-product-compliance
Ingram Content Group UK Ltd.
Pitfield, Milton Keynes, MK11 3LW, UK
UKHW020304180726
13839UKWH00001B/362

9 782329 382920